EDITED BY JULIE
& SIMON FREEMAN

ジュリー＆
サイモン・フリーマン編

RUNNING WILD

ランニング・ワイルド

世界至極のトレイル16章
INSPIRATIONAL TRAILS FROM
AROUND THE WORLD

WITH OVER 200 ILLUSTRATIONS

序文　ディーン・カーナーシス　　訳　小野寺 愛

LIKE THE WIND

青土社

目次

序文 by ディーン・カーナーシス 06

はじめに 08

01 イタリア　ドロミテ 12

DON'T UNDERESTIMATE THE DOLOMITES
ドロミテを甘くみるな

02 ノルウェー　ロフォーテン諸島 26

THE MAGIC OF THE MIDNIGHT SUN
白夜の魔法

03 フランス　シャモニー渓谷 42

UNFORGETTABLE VIEWS IN THE FRENCH ALPS
フレンチアルプスの忘れがたい景色

04 スコットランド　インベリー＆ノイダート半島 56

A SCOTTISH HIGHLAND LANDSCAPE SHAPED BY WATER
水が育んだランドスケープ

05 フランス　コルシカ 70

ONE STEP AT A TIME
一歩ずつ行こう

06 フランス／スペイン　ピレネー山脈 84

FINDING BEAUTY ON THE LOST MOUNTAIN
失われた山の美しさ

07 スウェーデン　クングスレーデン 96

CARVING A PATH THROUGH THE SWEDISH WILDERNESS
スウェーデンで荒野を切り拓く

08 イングランド　湖水地方 112

LANDSCAPE & LANGUAGE YOU WON'T FIND ANYWHERE ELSE
ここにしかない風景と言葉

09 スイス　ジュラ 126

THE PERFECT INTRODUCTION TO THE SWISS TRAILS
スイスのトレイル入門に最適

10 カナダ　ブリティッシュ・コロンビア 138

UNLIMITED EXPLORATION FROM VANCOUVER
バンクーバーで広がる無限の探求心

11 アメリカ　ホワイトマウンテン 152

PICTURESQUE PRESIDENTIALS & PEMI
絵のように美しいプレジデンシャルとペミ

12 アメリカ　セドナ＆フラッグスタッフ 168

JUST LIKE THE MOVIES
まるで映画のように

13 メキシコ　シエラノルテ・デ・オアハカ 184

THE VALLEY OF THE GHOSTS
亡霊たちの谷

14 チリ　パタゴニア 196

COMPLETE IMMERSION IN NATURE
自然とひとつになれる場所

15 ネパール　グレートヒマラヤ・トレイル 210

THE HIGHS OF THE HIMALAYAS
ヒマラヤ・ハイ

16 オーストラリア　西マクドネル山脈 224

SOLITUDE IN THE OUTBACK
アウトバックの孤独

現地での心得 240

大会情報と便利なウェブサイト 245

参考文献 247

寄稿者 248

写真 251

訳者あとがき 252

FOREWORD 序文
by Dean Karnazes ディーン・カーナーシス

私たちの中には、ここから離れたいと願う野生がある。人はアウトドアで息を吹き込まれ、地に足が着き、より人間らしくなることができるのだ。自然の中で過ごす時間は、自分が何者であるかの土台を作る。大自然の中でトレイルを歩きまわったことがある人なら、その体験がどれだけ大きな変化をもたらすかを知っている。トレイルは、未知の探検と自己の探求、内なる旅と外への旅への入り口であり、自分を手放し、再発見することができる場所なのだ。そびえ立つ山頂と壮大な眺望に魅了され、自然界の圧倒的な美しさに有頂天になりながら、人は風景に溶け込み、より壮大な何かと一体になる。

トレイルの在りようは無限で、ひとつとして同じものはない。どのトレイルも、そこにしかない雰囲気と情感を響かせている。土っぽさと湿気に満ち、松やジュニパーの香りが漂う深い森を抜けるトレイルもあれば、乾燥した土地にシャパラルやコヨーテブラシなどの低木が生い茂り、暖かな日差しと輝くエネルギーに包まれたトレイルもある。そこでしか味わうことができない体験は、訪れた者の心に刻まれる。トレイルが親しみを持って受け入れてくれるから、その空気感を度々思い返すことになる。一度走ったトレイルは心の奥深くに残る。そう、暖かな光のように。

人が作り上げ、我がものとしている世界から少し距離を置くのに、トレイルはとても魅力的だ。この世界には一定数、飼い慣らされることを拒み、人間世界に囚われないよう、自然を求める人々がいる。トレイルに出てみれば、世界は広く、開放的で、舗装もなく、未開で、野蛮でさえある。迫りくる嵐への怖れと、それがゆえの爽快感を五感と心で感じる。自然の中での自分はあまりに小さく、だからこそ人生の大きさを想う。トレイルに足を踏み入れた時の心の揺さぶられようは、他ではなかなか感じることができない。大自然を彷徨う旅から出れば、新たな気持ちで生まれ変わり「ありのままでいいのだ」と至福の境地に至る。

自分がトレイルを走っていない時には、他の誰かが自然の中に出る姿を眺めるのもいい時間だ。まだ見ぬ土地を走るトレイルランナーたちの写真から刺激を受け、勇気をもらい、トレイルランニングのコミュニティとつながっていることを感じる。本書『ランニング・ワイルド』を読むと、ここから遠く離れたトレイルを走る仲間の隣で自分自身もトレイルに出ているような高揚感に包まれる。ハッとする写真と美しいイラスト、現場に精通する者ならではの物語が並び、1ページ目から心を掴まれる。たくさんの距離を走ってきたトレイルランナーも、中級者も、はじめたばかりの人も、きっと僕のように『ランニング・ワイルド』に心を掴まれることだろう。

さあ、この壮大な芸術作品を楽しもう。感情を開こう。そしてどうか、あなたのトレイルを見つけ、彷徨うことを楽しんでほしい。

← トレイルランニングは自ら自然に溶け込む時間。ブリティッシュ・コロンビアのこの写真など、まさにそれを物語っている。

↑ フランス、コルシカの鉱物世界へ
→ トレイルでは素晴らしい瞬間に出会うことができる。たとえばこちら、アメリカのホワイトマウンテンで拝む、完璧な日の出。

INTRODUCTION　はじめに

　静かな森を優しく縫うように走る完璧なトレイルでも、息を切らし脚を燃やしながら上る山でも、急流の河川敷を走る時も、砂丘を越えて砂漠を横断する時も、走ることで魔法のような感覚を味わうことができる。自然界の広大さと目まぐるしいほどの複雑さをほんの少し垣間見れば、魔法が生まれる。

　だから人は、トレイルに魅了されるのだ——トレイルは、自然に身をまかせ、周りにあるものすべてとひとつになれる機会だから。それが私たちが走る理由であり、離れられない理由でもある。

　道路ではなく自然の表面を走るトレイルランニングは、いたってシンプルだ。場所を選び、ルートを決め、必要最小限の荷物を持って、走り出す。ただそれだけだ。

　トレイルランニングは最高の探検であり、自己表現のキャンバスだ。文字通りの意味でも、比喩的な意味でも。おそらくそれは、トレイルが多種多様であることに支えられている。本書で世界中のトレイルから集めた物語は、暑く乾燥した草原、涼しい山々、緑豊かな森など、実にさまざまな場所へと読み手を誘う。誰もがどこかで楽しめる、いや、誰だってどこもかしこも楽しめるかも——決めるのは、あなただ。

　本書は、読み手にインスピレーションを届けることを目的に編集されている。2014年に雑誌『Like the Wind』を共創刊した時の原点は、読み手がワクワク・ムズムズして、思わず走り出したくなる物語を集めることだった。軸としているのは「私たちが走る理由」。今日にいたるまでその発想に導かれ、季刊誌を発行してきた。本書は、そんな『Like the Wind』の延長線上にある。走ったら誰もが素晴らしいと感じるに違いない土地を紹介するのはもちろん、インスピレーションを大量に投入したかった。読み手のあなたの情熱に火がつき、外に出て探検が始まりますように、と願った。読み終えた後に辿り着く先が、本書では紹介しなかった場所でも構わない。皆がトレイルへの道を見つけるきっかけとなることができたら、場所はどこであっても構わないのだ。

　もっと多くの人が、オフロードを走り出すきっかけを——そう願って本書を編集した私たちは、実は細心の注意を払っている。この地球で最も美しく刺激的な場所の多くは、環境的にも文化的にも壊れやすい場所だ。本の全体を通して、ランナーには走ろうと決めた場所を守る責任があることを繰り返しお伝えしている。地球環境は今、多面的な危機に瀕している。走りながら出会う動植物を守るためにできることは、すべて行いたい。今、環境を守ることができなかったら、

次世代のトレイルランナーはこの世界の美しさと不思議さを楽しむことができないのだから。

　訪問先の地域でも同じだ。思いやりのあるトレイルランナーであれば、ほぼ例外なく、行く先々で歓迎される。温かさに触れたら、現地の習慣、宗教、信条、文化を尊重し、受けた歓迎に確実に報いよう。そのためには、たっぷりと時間をとって、ルート上で出会う人と場所にどっぷりと浸かりたい。

　各地に固有の文化と習慣を大切にするため、各章の案内人については、紹介する地域に本当の意味で根ざしている方々に依頼した。その土地に住んでいて（または、住んでいたことがあり）、トレイルで一定の時間を過ごして現地事情に精通したランナーに、地理と文化をしっかりと伝えてもらった。彼らは皆、その土地に何年暮らしていようともそこで体験できることはまだまだあることを嬉々として認める人々だ。私たちが知る中では一番の案内人たちで、現地ならではの情報で読み手にインスピレーションを吹き込んでくれる。その場を実際に訪れるランナーには、最高の体験が約束されている。

　経験豊かなトレイルランナーにとっても、はじめたばかりの方にとっても、どうか本書『ランニング・ワイルド』が、素晴らしいトレイルに出会うためのインスピレーションであり原動力となりますように。本書で紹介した土地に行く機会に恵まれるなら——またはどこか別のトレイルであっても——どうか、たっぷりと時間をとって、自然と人との出会いを楽しんでほしい。五感を開き、すべてを感じきってほしい。

　それは決して、難しいことではないはずだ。目的地を選び、必要なものを背負い、シューズを履いて出発するだけなのだから。

↓ カナダ、ブリティッシュ・コロンビアのサンシャインコースト。雰囲気のある光が辺りを包む。

↑ アメリカ、アリゾナのセドナにて、グランドキャニオンの巨人たちの間を駆け抜ける。
↓ コントラストが美しいフランスの島、南コルシカでペルトゥサトの崖を走る。

The Dolomites — Italy　イタリア　ドロミテ

DON'T UNDERESTIMATE THE DOLOMITES

ドロミテを甘くみるな

DAVIDE GRAZIELLI　ダヴィデ・グラツィエリ

**中央アルプスのような壮大さはないかもしれない。
しかし、その谷から、湖から、滝から、想像を超える挑戦と
美しさを突きつけられる。**

壮大な中央アルプスが親だとすれば、ドロミテはイタリア側からその背に寄りかかる子どものような存在だ。ペールマウンテンと呼ばれることもある。イタリア北西部に位置し、西はアディジェ川から東はピアヴェ渓谷まで続くドロミテの山塊は、親山脈の影に隠れてしまいがちだが、侮ってはいけない。イタリアのこの一角は、美しさ、挑戦、そして冒険に溢れている。

ドロミテにはたくさんの登山道があり、標識も整備されている。なかでも特に美しい風景に出会いたければ3〜4日間を確保して、世界でも有数のウルトラトレイル大会「ラヴァレード・ウルトラトレイル」のルートを辿る120kmの旅に出ることをお勧めする。

スタートとゴールになるのは、コルティーナ・ダンペッツォ。ドロミテの中心にあるボイテ渓谷の入り口にある、人口約6,000人の町だ。ナポレオンに併合される前はオーストリア帝国の一部だったという波瀾万丈の歴史を持つ。1956年には冬季オリンピックが開催され、2026年にもミラノとの共同開催が決定するなど現在はウィンタースポーツで有名な町で、町の経済は雪と冬山関連のアクティビティに支えられているが、ランナーたちには輝く夏の間のトレイルこそが天国であるとお伝えしたい。

スタート地点は、今回の冒険の中では見どころに乏しいかもしれない。でも大丈夫。この区間は、これから始まる素晴らしい風景への期待に満ちている。町を出てカステッロ通りを北上すると、左手にカディン・ディ・ソプラが見えてくる。そのまま道を進み、ポスポルコーラ峠の標識に従お

→ ドロミテの壮大で険しい
美しさ。ジアウ峠にて。

DON'T UNDERESTIMATE THE DOLOMITES

↑ 2日目にラヴァレード分岐を上る。このルートの高所らしい場所だ。
→（左）シルエットが美しい、日の出を迎える直前のトレ・チーメ・ディ・ラヴァレード。
→（右）夜明けにドロミテの鉱物だらけの風景を進む、壮観な経験。

う。メインストリートを抜けてすぐに川を渡り、聖母教会を左手に見ながら進むと、木々に囲まれた美しい小さな湖、ゲディナ湖がある。湖を過ぎたあたりで道は切り返し、ポスポルコーラ峠に向かう上りが始まる。ここが脚への最初の試練だ。

トレイルはポスポルコーラ峠まで上り、そこから急カーブしてポデスターニョ方面に向かって再び谷底へ。テクニカルな下り坂が続く。道幅が広いため、オスピターレまでは走ることができる。ソン・フォルカというリフージ［山小屋］へと案内する右手の標識に従い、ポマガニオンの堂々とした岩のピークを周回すると、左手の小道を上った辺りでソン・フォルカが見えてくる。ソン・フォルカは、モンテ・クリスタロ（東側）の麓、標高2,200mに位置する風光明媚な山小屋だ。半日ほどで到着するので、昼食に最適。ここからは道なりに森の中の小道をトレ・クロチまで下り、川を渡り、谷底に到着する。

　1日短縮したい場合は、SK48を渡る手前で左側のトレイル（距離3.5km、標高差400m）を選ぼう。東へ伸びるトレイルを1日かけて進み、木々の間を抜ける最後の上りに挑むコースだ。トレイルは東へ曲がり続け、その後急カーブで北に向かい、42km地点で目的地のミスリーナ湖に到着する。標高1,754mにあるこの湖の町は観光客に人気で、ホテルやレストランの選択肢も豊富にある。そこからさらに2.5km先にある静かな山小屋、アントルノを目指して進み続けるのもいい。

　2日目は極上の目的地、トレ・チーメ・ディ・ラヴァレードを目指そう。標高3,000mにそびえる堂々たる3つの山々だ。アウロンツォ小屋に向かってトレイルを上れば、7kmほどで到着する。そこからは、左手に見える3つの峰の壮大な周回コースが始まる。ラヴァレード小屋を過ぎると、まもなく全行程の最高地点であるラヴァレード分岐に到着。その先は、リエンツァ渓谷を通り、ランドロ湖に向かうダウンヒルを楽しもう。谷の両側には山の壁があり、左手の南側にはトレ・チーメ・ディ・ラヴァレードの背、クロダ・デ・ラルゲナ、モンテ・ピアーノ、右手にはモンテ・ルドが見える。ランドロ湖で昼食を食べたら道なりに進み、ビアンコ湖の手前でシマバンチェ峠に向かって森の中を直進する。この林道は、ドロミテの有名なクライミングスポット、クロダ・ロッサの麓に沿って、5kmの距離を地道に上り続けよう。この区間は非常に美しく、人里から離れたと感じる。喧騒もなく、山の中にいる感覚が深くなる。道はレローザ分岐まで上り、マルガ・ラー・ストゥアまで下り始める。牧草地の上に堂々と建つ白塗りの山小屋は、トレイルでの2泊目にぴったりだ。

↑2日目、アウロンツォ小屋から上ったあたり。壮大な谷の景色。

50km 近い距離、3,000m の標高差を行く 3 日目は、大きく 2 つに分けることができる。まず、カソン・デ・アントリュイル方面へ南下し、15km ほどトラヴェナンゼス渓谷を進む。両側にいくつもの滝がある荒涼とした谷で、川に沿って高度が上がっていく。最初の区間はとても走りやすいが、後半は岩だらけの急な上りが峠まで続く。頑張りが必要な区間だが、景色を楽しむことをお忘れなく。岩肌はほとんど垂直に近く、このトレイルの重厚な雰囲気を強くしている。この区間には山小屋や給水所、助けを求められる場所がないため、マルガ・ラー・ストゥアで水と食料を補給しておこう。トラヴェナンゼス渓谷を 12km 走るとコル・デイ・ボス分岐に到着し、そこからコル・ガリーナに下る。ここで食事をするといい。コル・ガリーナからは、来た道を振り返り、シーマ・ファルツァレゴの岩場を眺めよう。その後、トレイルを進み、23km 地点にある山小屋、アベローに向かってまた上る。4 日間での走破を計画する場合、ここは宿泊地として理想的だ。この山小屋からは、夏に多くのクライマーを魅了するチンケ・トーリ（イタリア語で「5 つの塔」）という空に向かってそびえる岩の塔の眺めを楽しむことができる。最後の行程は、ジアウ峠に向かって南に下りる区間だ。ここは山肌に大きな岩が転がっている箇所もあるので、注意が必要。数キロ進むとアンブリッツォーラ分岐に到着し、道は大きく左に曲がって、再び北へと向かう。この区間は、コルティーナへ戻るルートの最後の区間なので、じっくりと味わいたい。トレイルを進み、左手にクロダ・ダ・ラーゴが見えてくる。その背後には、いくつかの山小屋があり、コルティーナへ向かう前のランチ休憩にぴったりだ。クロダ・ダ・ラーゴからコルティーナへのトレイルはシンプルで、ポコールまで最後の上りがあり、その後はスタート地点までずっと下り坂となる。

← ラヴァレード・ウルトラトレイルレースは夜 11 時に始まり、エキサイティングなナイトランを約束してくれる。
→（上）ジアウ峠そばのテクニカルな箇所。
→（右）ギザギザなピーク、間違いなくドロミテだ。ラヴァレード小屋のそば。

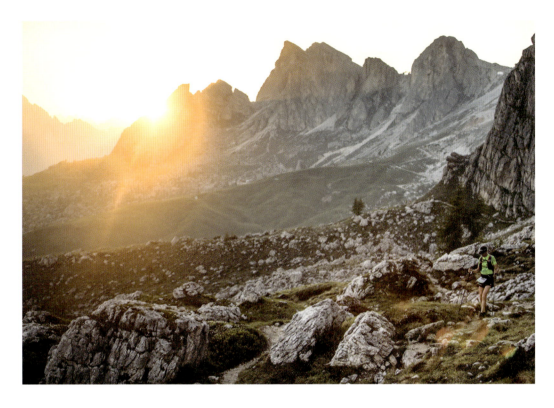

→（右）ジアウ峠からの下り。巨石が姿を消し、代わりに植物を感じるようになる。
→（右ページ）トレ・チーメ・ディ・ラヴァレードを通過したら、振り返って景色を確認するのを忘れないこと。
↓（下）アウロンツォとラヴァレード小屋のあいだの区間は、息を飲む光景を見せてくれる。

　世界で最も象徴的なトレイルレースに挑戦するようになった30代の頃、私はドロミテに出会った。そのひとつが、ラヴァレード・ウルトラトレイルだ。初めてコルティーナに到着した日、素晴らしい山々を見て、自分が長年これを見逃していたことに衝撃を受けたのを鮮明に覚えている。今では少なくとも年に数回、自分が住んでいる町から車を北に走らせる。レースで走るにも、仲間とトレイルを楽しむにも、ドロミテは実際、特別な場所なのだ。

| | | MEET THE GUIDE 案内人 | DAVIDE GRAZIELLI ダヴィデ・グラツィエリ |

ダヴィデ・グラツィエリが人生で初めて出会ったトレイルランナーは、1970年代に故郷イタリアの山々を上っては下ることを楽しんでいた父親だった。少年ダヴィデも夏の間、自身のメインスポーツとしていたクロスカントリースキーで体力を維持するために走りはじめた。10代になると、クロスカントリースキーやランニングよりもサーフィンやスケートボード、スノーボードの魅力にハマったが、30代に

なって友人からの誘いでトレイルランニングに出会い直し、すぐに160km（100マイル）レースに挑戦するようになった。ミラノ大学で講師をしたり、コーチビジネスをしながらトレーニングを両立するのは簡単ではないが、なんとかウェスタン・ステイツ100を20位以内、UTMBを30位以内でゴールすることができている。今はもうトレイルから離れることはなく、できる限り多くの大会に出場している。

訪れる際に覚えておきたいこと

ドロミテは、中央ヨーロッパの多くの山岳地帯と同様、整備されたトレイルが縦横に走り、案内板もよく整備されている。ラヴァレード周辺の人里離れた場所など、案内板がほとんどないところもあるが、道順をしっかりメモしておけば迷うことはまずないだろう。もちろん、ドロミテは本格的な山なので注意は必要だが、ここで紹介したルートは、ヨーロッパの高山基準では、特にテクニカルなものではない。山の中の宿泊施設は、リフージと呼ばれる山小屋が多

く、全体的に非常に高い水準にある（ただし、コルティーナの町においてと同様、決して安くはない）。山小屋は個人経営で、疲れたランナーに夕食とベッド、朝食を提供してくれる。持参するのは歯ブラシと寝袋で十分だ。翌日のお弁当を注文することもできるが、昼食はまた別の山小屋に立ち寄ることをお勧めする。夏のシーズン中は、山小屋は非常に混み合うので、宿泊施設は事前に予約しておくこと。独自のウェブサイトを持っている山小屋が多い。

	おおよその距離	120km		最高標高	2,450m		気候	高山性：夏は20-25℃。高度が上がるほど寒くなる		地形	森／岩場
	おおよその獲得標高	5,800m		お勧めの季節	6〜9月		挑戦レベル	上級		注意点	標識が少なく、次の標識との間が空く／予測不能な天候／残雪

トレ・チーメ・ディ・ラヴァレード
Tre Cime di Lavaredo

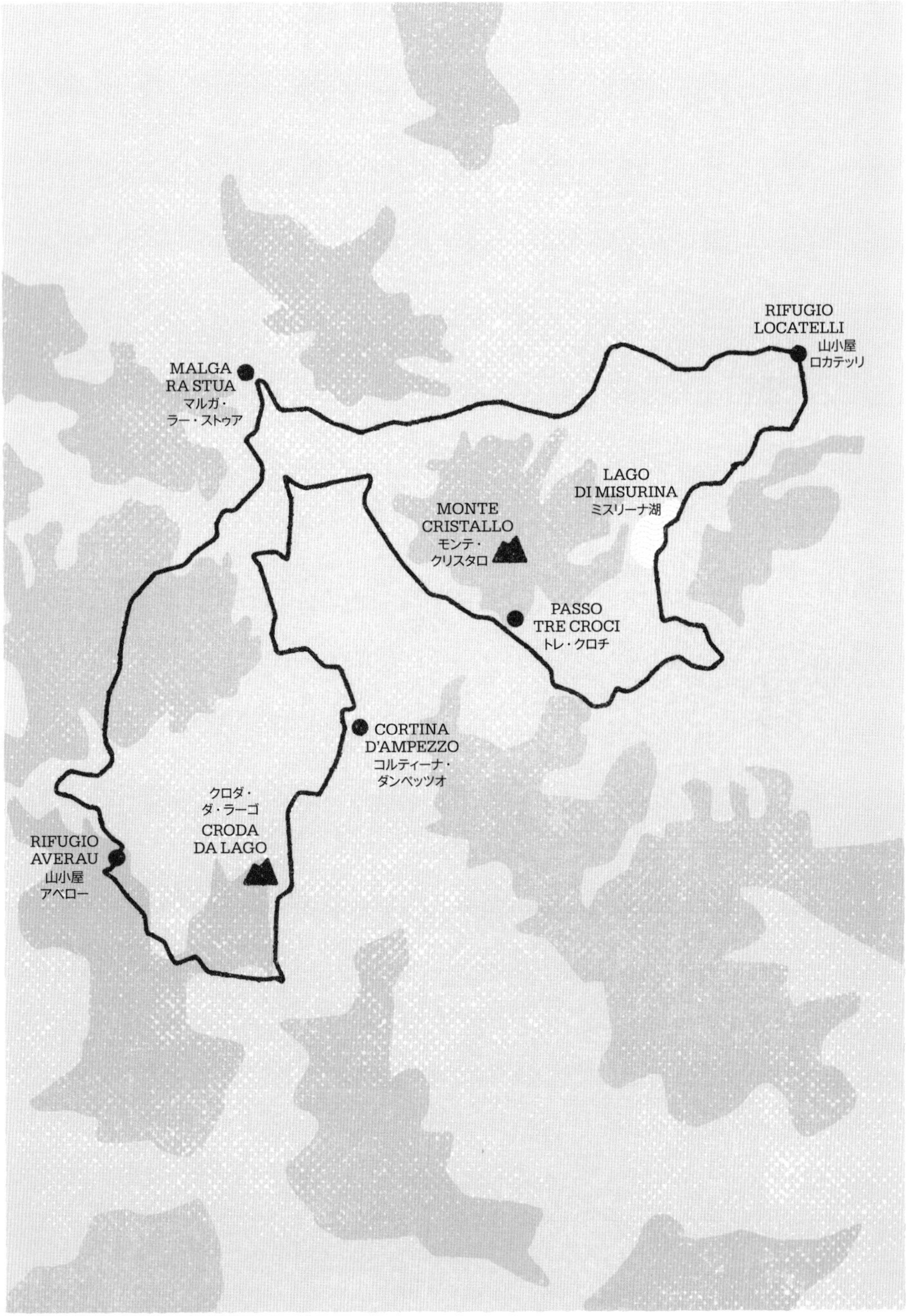

RIFUGIO
LOCATELLI
山小屋
ロカテッリ

MALGA
RA STUA
マルガ・
ラー・ストゥア

LAGO
DI MISURINA
ミスリーナ湖

MONTE
CRISTALLO
モンテ・
クリスタロ

PASSO
TRE CROCI
トレ・クロチ

CORTINA
D'AMPEZZO
コルティーナ・
ダンペッツオ

クロダ・
ダ・ラーゴ
CRODA
DA LAGO

RIFUGIO
AVERAU
山小屋
アベロー

The Lofoten Islands —— Norway　ノルウェー　ロフォーテン諸島

THE MAGIC OF THE MIDNIGHT SUN
白夜の魔法

LINDA HELLAND　リンダ・ヘランド

**ノルウェー北部の沖合には、山深い島々が点々としている。
白夜の1ヶ月間は暗黒のフィヨルドと花崗岩のピークに
24時間消えることがない太陽が注ぎ、幽玄な雰囲気を醸し出す。**

　　ヴァーロイ島へのフェリーは、朝5時30分にボードーを出港する。晴れた夏の暖かい朝には、港外の島々が輝く太陽に照らされる。北極線より北に位置し、ロフォーテン諸島の中でも端から2番目にある有人島が、ヴァーロイ島だ。気候は厳しく、あらゆる天気に遭遇する。夏の間は24時間ずっと太陽が照り続ける。5月下旬から7月中旬にこの地を訪れるランナーは、白夜の魔法を体験することになる。

　　ロフォーテン諸島は、ノルウェー北部の沖合に浮かぶ島々から成る。海からまっすぐにそびえ立つように見える山並みが特徴的で、本土から見ると、山々のピークが一直線に見えることから「ロフォーテンの壁」とも呼ばれている。トレイルランニングの可能性は無限大で、特に上りが得意な人にはお勧めだ。ハイカーに出会うことが多いけれど、トレイルランニングも盛り上がりつつある。本格的に挑戦したい人向けには、アークティック・トリプル［白夜の中、12〜161kmを走るレース］の一環としてロフォーテン・ウルトラトレイルが毎年開催されている。ロフォーテン・スカイレースでは、バーティカル（急勾配のトレイルを頂上を目指して一気に駆け上がる、上りのみのレース）にも挑戦することができる。

　　白夜の季節には、素晴らしい景色に出会える。天気が良ければ、ヴァーロイで一番人気があるトレイルを歩き、ホーエンの山頂からいかにもヴァーロイらしいパノラマを見よう。ホーエンには、ホーネット経由で往

→ ロフォーテン・ウルトラトレイルは、地形的に特別な挑戦を提供してくれる。

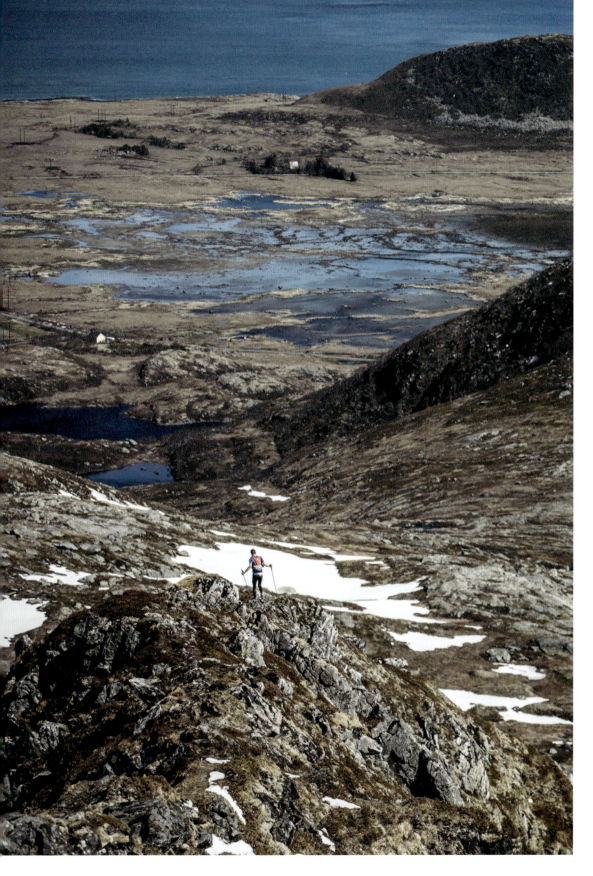

復7.5kmという短いコースでも行くことができるが、余裕があれば25〜30kmの全周回コースを選んで、島のすべての頂上とトレイルを踏破したい。

　柔らかいトレイルをジグザグに進みながら一気に標高を上げると、最初のピーク、標高346mのホーネットに到達する。ホーネットのトレイルは島の北西側の荒々しい側に面していて、その崖は深い青色の海へと落ちている。ここからホーエン（438m）へと走る尾根は最高で、トレイルは安全でありながら実にさまざまな景色で楽しませてくれる。霧に見舞われることもあるが、晴れれば少しずつ、待ち望んだ景色が現れる。山に守られた白い砂浜に打ち寄せる波や、今は人の気配がない小さな村モースタッド、その背後にはヴァーロイの最南端の頂、モホネットを見ることができる。

　モホネットへの上りは、島の北側にあるノルトランドスハーゲンの美しい海岸から始まる。最初の6kmは海岸線に沿ったコースで標高はほとんど上がらず、最後にモホネットへと上る。と言っても決して楽な道ではなく、最初の4kmはテクニカルだ。北の浜から南の浜に向かう小さな道を越えると、モースタッドに暮らす人々をヴァーロイの他地域へとつなぐはずだった未完成のロードが現れ、進みやすくなる。

　モースタッドを離れると道は狭くなり、モホネット（439m）に向かって急な上りが始まる。上空を旋回するオオワシに見守られながら、頂上にアプローチしよう。ホーエンからの眺めは伝説的だが、ホーエンに向かうまでの景色も負けず劣らず素晴らしい。

ノルトランドスヌーペンの山頂は、海に浮かぶ白夜を見るのに最高の場所だ。ノルトランドスヌーペンを知る人は多くないけれど、この短い山頂ラン（450mのピークまでの往復4km）は完璧だ。登山口にある南国風の海岸、道中の柔らかいトレイル、それに素晴らしい景色を経て、頂上で素晴らしい360度の展望にたどり着くことができる。

　ノルトランドスヌーペンからの下りでは、ホーネットへのトレイルを通過する。ここから、島のすべてのトレイルと山頂がどうつながっているかを見ることができる。島を完全に走破したければ、モーティン、ホーエン、ホーネット、ノルトランドスヌーペンの各山頂を網羅するのがいい。

　ロフォーテンは、秋も風光明媚だ。白夜が目当ての観光客の混雑は黄金の秋色に変わり、日の出前にぐっすりと眠ることができるようになる。なかでも心からお勧めしたいのが、モスケネス島のレイネブリンゲンに昇る朝日を見るランニングだ。急勾配の階段から始まるため、心拍数が上がり、太ももが熱くなるが、周りを見れば気が狂いそうになるほどに美しい。海岸沿いの道路が海との境界線となって紅葉が際立ち、周りのすべてが神秘的な柔らかい薄紫色の朝の光に包まれる。頂上まで行くには1,566段

←（左）ヴァーロイから望む、ハッとするほどホーエンらしい景色。
←（右）レイネトッペン山頂へ向かう、最後の一踏ん張り。
↓ ロフォーテン・ウルトラトレイルに挑む孤高の挑戦者。

↑ ロフォーテン・ウルトラトレイルは、まだ雪が残る6月に開催される。

↑ 典型的なレイネブリンゲンらしい景色。
→ トレイルは、登山者はもちろん、野生動物とも共有するものだ。
→ (右) 花崗岩の山々が実にドラマチックな風景を作り出す。

の階段があり、他では味わえないランとなる。

　レイネブリンゲンの美しさには息を呑む。暗いフィヨルドと湖のおとぎ話のような景色が、尖った花崗岩の山々がどこまでも続くドラマチックな地形に囲まれている。かといって、レイネブリンゲンが最終目的地である必要もない。レイネトッペンを通過する尾根をたどり、「地獄」と呼ばれるエリアを横切ると「トップ730」としか呼ばれていない、名もなき山頂に到着する。

　この辺りに標識はないけれど、尾根に沿ったトレイルを辿るのは難しくない。とはいえ、簡単に制覇できるわけでもない。「地獄」には、柔らかいところもあれば、土もあれば、山の岩もある。四つん這いになることもあれば、誰か他のランナーのサポートが必要な場所もある。距離3.5km、標高645mのレイネ山頂まで、数時間をかけて「地獄」を制覇することになるのだ。少し下った後、柔らかい黄金色の草原を通り、トップ730に向かう。

　トップ730からの下りの最初の区間は、同じ草原を通り、レイネ山頂から下るトレイルに戻ろう。アウスタダルスバトネットとデュープフィヨルデンに向かって右折すると、テクニカルで、しかも泥まみれなこともある下りが始まる。楽な道のりではないが、それを補って余りあるのが、対岸のムンケン山ほか、周りの山々が形成する色濃い花崗岩の壁が見えることだ。上りへと戻って、美しいアウスタダルスバトネットのトレイルに迂回することもできる。

↓ ロフォーテン・ウルトラトレイルは、美しさと過酷さを兼ね備えている。
↓（下）この地方特有の伝統的な赤い船貯蔵庫（ナウスト）。

↑ 荒々しい気候で、夏でもどんな天気に見舞われるかわからない。
← 白夜の季節には、素晴らしい景色が見られる。

THE MAGIC OF THE MIDNIGHT SUN

↑ トレイルを訪れる人のほとんどは登山者だが、トレイルランニングの人気も高まっている。
→ 海岸沿いをさらに北に向かうと、ロフォーテン諸島の別の一面が見えてくる。

　子どもの頃にノルウェーの北部で過ごした夏からはもう何年も経っているのに、北へ向かうといつも故郷に帰るような気持ちになる。北の大地にあるのは、自然だけだ。海と、濃い灰色の花崗岩の壁の間にあるわずかな地面に沿って身体を動かすと、心が休まる。

　風が頬に触れると、とてつもない平和が訪れる。自然とのつながりはもちろん、小さな頃に亡くなった父とのつながりをも感じさせてくれるから。ロフォーテンに来るたび、私は父が何を思いこの地で過ごしていたかを想像する。1960年代に漁師だった父は、数々の厳しい冬を乗り越えてきたはずだ。ロフォーテンを初めて訪れた時、私は20代の観光客で、昔ながらの漁師小屋に泊まり、ここにしかない風景を体験した。

　父が裏山を駆け上った話や、海で泳いだ記憶を辿るたび、心に大自然の静けさを取り戻そうと思い出し、歩みに弾みがつく。

→ ヴェストヴォーヘイ島のヒンメルティンデンからの眺めには息を呑むはずだ。

MEET THE GUIDE　案内人

LINDA HELLAND　リンダ・ヘランド

冬はクロスカントリースキー、夏はトレイルランニングと、リンダ・ヘランドの自然への情熱は尽きることがなく、故郷ノルウェーはもちろん、海外でも数多くの冒険を経験している（中でもお気に入りは、スイス・アルプスとドロミテ）。ツエルマットのマッターホルン・ウルトラック

ス、ダボスのスイスアルペン・マラソン、ノルウェーのトロムソ・スカイレースなどの大きな大会にも多数参加してきたが、最近は競争から離れ、一人でも、友人たちとも新しい土地とトレイルの開拓をすることに喜びを感じている。

訪れる際に覚えておきたいこと

トレイルランニングでロフォーテンを訪れるのに最適なのは、6〜10月初旬。どこに滞在するかにもよるが、白夜の季節は5月下旬〜7月半ばだ。観光客が訪れるピークは7月と8月。アルプスにある他のトレイルよりもテクニカルな箇所が多く、移動に時間がかかるのを覚えておこう。

公共交通機関は限られているため、目的地に行くにはレンタカーを借りるか、しっかりと計画を立てることをお勧めする。飛行機でボードーに入り、フェリーでヴァーロイやモスケネス島に行くなら、車がなくてもなんとかなる。宿泊先とフェリーの予約は、半年前には手配しよう。ヴァーロイは、思いつきで行けるような場所ではない。

ヴァーロイでは、ホテル宿泊もできるし、モダンな漁師宿のアパートメントに宿泊することもできる。また、ノルトランドスハーゲンの海

沿いにあるキャンプ場には水道とトイレがあり、島縦走のスタート地点にぴったりだ。最高の景色に出会うには、しっかりと天気予報をチェックすること。ノルトランドスヌーペンに挑戦するなら、雲が晴れてからトレイルに入ろう。

サポートなしで「地獄」からトップ730に入るには、160cm以上の身長がなくてはならない。見えない障害物も、山の経験があれば大丈夫だが、誰かとペアで走ることをお勧めする。2kmのフィヨルドトレイル（トップ730からのオプショナルな下り）はテクニカルだ。秋の間はぐちゃぐちゃで泥だらけになる。

2021年現在、ロフォーテンの一部エリア（レイネブリンゲンを含む）で野宿は違法となっている。よく計画して、地元の観光案内所でアドバイスを得て、周りの景色に心を配ること。そして、何より大切なのは、足跡を残さない（leave no trace）ことだと覚えておこう。

おおよその距離	50km	最高標高	645m	気候	海洋性：夏は13℃	地形	ところどころに岩場／海岸線と、湿った土地も
おおよその獲得標高	1,800m	お勧めの季節	6〜10月	挑戦レベル	ミックス（誰でも挑戦可能）	注意点	テクニカルなトレイル／霧／「地獄」

ヴァーロイ
Værøy

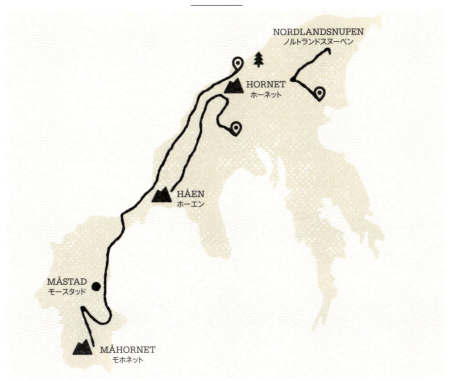

モスケネス
Moskenesøya

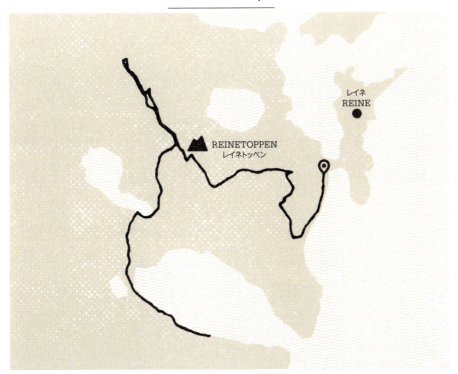

THE CHAMONIX VALLEY

フランス
シャモニー渓谷

| 03 | FRANCE:EUROPE |

The Chamonix Valley — France　フランス　シャモニー渓谷

UNFORGETTABLE VIEWS IN THE FRENCH ALPS
フレンチアルプスの
忘れがたい景色

SIMON FREEMAN　サイモン・フリーマン

**自らの足で行く夏のシャモニー渓谷は、美しさと多様性の宝庫。
アルプス山脈の探索にピッタリで、ランナーにとっては
最高の遊び場だ。**

　標高 4,810m、シャモニー渓谷にそびえる壮大なモンブランは、アルプス王冠の宝石と呼ばれている。その姿を拝む者は、何世紀にもわたり心を奪われてきた。その独自性と文化的重要性から、モンブランは近代登山の生まれ故郷となり、今もその象徴であり続けている。

　イギリスの登山家たちがフレンチアルプスの町に群れはじめたのは、19世紀のことだ。それまでは静かだったこの地域は、山に関するあらゆるもののホットスポットとしてゆっくりと盛り上がっていった。近年では、冬のスキーシーズンになると、普段は 1 万人に満たないこの町の人口が 6 万人以上に膨れ上がる。ケーブルカーやフニクラ、エレベーターのおかげで、ほとんど何の準備もできていない人でも難なくヨーロッパの頂点まで行くことができるようになった。そんなシャモニーを「つまらない」と思うのは簡単だが、やはり、シャモニーの本当の美しさを感じるには自分の足で行くのが一番だろう。ウィンタースポーツの熱狂が冷めてスキーヤーたちが山を去る夏が、ランナーが冒険をはじめるのに最高の季節だ。

　18 世紀の終わり頃まで、シャモニー渓谷とその周辺はサヴォイア公国の領土だった。スイス・レマン湖の南からイタリア・ジェノヴァまでが、フランス文化圏の独立州だったのだ。公国が消えてからは、モンブランはフランスとイタリアの両国にまたがるようになったが、山のどちらの側にもフランスの影響が色濃く残っている。たとえば闘牛の文化は、スイスにまで残っていて、互いに戦う牛たちの自然行動を利用して、(鈍磨した角で)争わせることで群れの中でどの個体が優位かを決めている。

　ル・トゥールからレ・ボッソンまで 23km にわたって、氷河を水源と

← コル・デ・モンテからブラン湖に向かう途上。グランバルコン・スッドにて。

するアルヴ川の両岸に16の村が集まってできたのが、シャモニー・モンブランだ。標高1,200〜1,500mの低い谷の両脇には2本のトレイル、プチバルコン・ノルド（北）とスッド（南）があり、それと平行して標高2,000mには兄貴分のトレイル、グランバルコン・ノルド（北）とスッド（南）が走る。その間、渓谷の両側には無数のトレイルが縦横に走り、近くの渓谷、さらにはイタリアやスイスにまで延びている。どのトレイルも日帰りが可能で、快適で安全な谷底まで比較的短時間で戻ることができる（徒歩でも、ケーブルカーでも）。

谷の壁は険しく、わずか3.8kmのルートで1,000mを駆け上がる「バーティカルキロメーター」ができる。経験豊富なトレイルランナーたちも、これだけ高低差のあるコースでは走るよりパワーハイクの方が効率がいいと口を揃える。モンブラン周辺の地形は急勾配で技術も要するため、厳密に言えば、走るのには向かない場所なのかもしれない。しかしそのことが、ある意味では天の恵みでもあるのだろう。スローダウンする口実を得て、景色を楽しむ登山をすることになるのだから。

渓谷沿いにも、丘陵地帯にも、頂上にも魅力的な山小屋があり、ランナーやハイカーがちょっとした食べ物や飲み物を確保したり、休憩したりする場所には事欠かない。もとはハイカーに基本的な装備を提供するために作られた高山のオアシスは10〜15kmごとに点在していて、ランチの

← ブラン湖の山小屋に向かう数百メートルはテクニカルな道。難易度は高くない。
↓ 氷河の水をたたえるブラン湖。谷の向かい側にそびえるモンブランを映し出す鏡のようだ。

場所としても、思い出に残る夜のシェルターとしても完璧だ。山小屋の在りようはそれぞれで、小さな個室から簡素なドミトリー、豪華バスルーム付きまで様々ある。午後7時に長いテーブルに合席で、ボリュームたっぷりの食事が用意されることが多い。深い眠りは期待できないが、この地域で人気の数日間耐久レースに備えるには、それもまた良しである。

　シャモニー渓谷を知るのに一番のお勧めは、まずはプチバルコン・ノルドやプチバルコン・スッドの緩やかなトレイルを辿ること。松林の陰で、足元は柔らかく、岩や根っこもほとんどない。その先、森林限界線よりも高く行くと、トレイルは狭くなり、大きな岩場やがれ場の急斜面が現われ、よりテクニカルなコースとなる。

　本当に忘れがたい景色に出会うための準備ができたところで、グランバルコン・ノルドまたはグランバルコン・スッドで、シャモニーからコル・デ・モンテを目指そう。ここからはまず、息を飲むような美しさのブラン湖まで上っていく。ブラン湖は一晩を過ごすのに最高の場所だ。この上りでは、急斜面の岩場に小さな金属製のはしごが固定されていたりと、テクニカルな道を避けて通ることができない。渓谷まで戻る下山では、サンティエ・デ・ガルドがワイルドな道のりを用意している。数時間、遮るものが何もない見事なダウンヒルを堪能しよう。

THE CHAMONIX VALLEY — FRANCE

←（上）グランバルコン（ノルド＆スッド）の両道は森林限界線の
すぐ上にある。草原には、池やブルーベリーが点在している。
←（下）7月から9月は穏やかなシャモニーを訪れるのにいい
季節。しかし、完璧な青空の下で出発しても午後に突然の嵐
に見舞われることもあるので、要注意。

　経験を重ねたランナーには、数日間かけて挑むツール・ド・モンブラン
（TMB）がお勧めだ。生涯忘れることができない素晴らしいアルプスへの
冒険（と、ひょっとしたら、モンブランを1周するあの有名な大会に申し込み
たい衝動）を手に入れることができる。ツール・ド・モンブランはフラン
ス、イタリア、スイスを通る160kmの整備されたトレイルで、道中、数
えきれないほどの山小屋に立ち寄ることになる。
　シャモニーからレ・ユーシュに向かい、ベルビュー経由でコル・デュ・
トリコまで行く道もお勧めだ（ベルビュー周辺は特別面白いわけではないの
で、ケーブルカーを利用するのもあり）。氷河が生んだ急流に架かる吊り橋
は、迫り来るワクワクを垣間見せてくれる。急傾斜のコル・デュ・トリコ
は走らなくてもいいが、コル・デュ・ミアージュで冷たい飲み物にありつ
けると思えば、パワーハイクを続けることができるだろう。コンタミーヌ
渓谷の手前でTMBのルートから外れ、標識に従ってトレ・ラ・テット山
小屋へ向かうのもいい。コンタミーヌ渓谷の上は、岩だらけのトレイルを
上るルート。この山小屋はランチに最高で、泊まってみるのもいいだろう。
　上るものは、必ず下る。岩場や階段もある壮大なテクニカルコースで、
コル・デュ・ボノムの手前まで谷を下ると、標高2,432mのクロワ・デュ・
ボノムのコル（鞍部）へと続く。この上りは果てしなく続くように感じら
れるが、その分、ボノムのコル・ド・ラ・クロワ小屋では、想像を遥か
に超える最高の眠りを味わうことができる。ベルビューから25km、標高
2,560mで、ハイキングなら9時間以上、ランニングとパワーハイクを合
わせれば6時間ほどの道のりだ。
　TMBには、覚えておきたい規則性がある。山小屋の距離で、毎日の行
動を計画することができるのだ。山小屋から山小屋までが「シングル」な
ら10〜12km、「ダブル」なら18〜25km。ある山小屋で昼食をとり、ま
た次の山小屋で宿泊をして…と、ルートの計画が立てやすい。この考え方
でいくと、クールマイユールまでもう1日かかることがわかるので（シェ
クルイ経由で30km、コンバル湖経由ならもう少し短い）、途中にあるイタリア
の山小屋、エリザベッタ・ソルディーニで1泊するのもいい。トレイルは
そこからスイスへと続く。グラン・コル・フェレ（また雰囲気の違う山小屋
と食事がある）を経由し、フォルカズ峠、ヴァロルシーヌ、ラ・フレジェー
ルを経てシャモニーに戻るコースだ。
　この道中、ぜひ思いを馳せてほしいのは、毎年8月の終わりに、44時
間以内にこのTMBを走破する強者たちの魂のことである。ウルトラトレ
イル・デュ・モンブラン（UTMB）の参加者は2日目の夜に完璧な天の川

ブラン湖をもう1枚。グランバルコン・スッドの
遥か上、背景には雄大なモンブラン。

← (左) 雪解けの季節。ツール・ド・モンブランでは氷河から溶け出した小川に出会うことができる。
← (右) ケーブルカーのラ・ブレヴァン駅から3時間、「バーティカルキロメーター」への挑戦は人気がある。渓谷のハッとするほど美しい景色がご褒美。

を見上げて、自分が初めてこの道を歩いた日のことを思い出すのだろう。

　妻ジュリーと私はスイスで結婚し、TMBの一部を歩くという静かなハネムーンを過ごす予定だった。3日間で80kmを行くゆったりハイクを計画したつもりだったが、嵐に見舞われ、2日間の高速アドベンチャーをする羽目になった。私たちが一夜にしてトレイルランナーとなったのは、この時だった。それまではトレイルランニングの存在を意識したことさえなく、自分は何よりもまずロードランナーで、山を走るのは優れたアスリートだけだと思っていたのだ。

　80kmを2日間で踏破することを強いられて初めて、ハイキングとトレイルランニングの間にはほんの少しの違いしかないことに気がついた。ジュリーと私はかなり大きなリュックを背負い、登山靴を履いていたが、平らな場所のほとんどは走り、難易度の低い下りも走りぬけた。謙虚なハイキングは痛快無比なトレイルランニング体験に変身して、初日の40kmを終えた後は精魂が尽きて、脚も重かった。にもかかわらず、2日目が驚くほどに楽しかった。

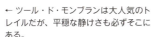

← ツール・ド・モンブランは大人気のトレイルだが、平穏な静けさも必ずそこにある。
→ サンティエ・デ・ガルド。シャモニー渓谷の中で最も美しく、あまり知られていない場所のひとつ。

| | | | | | MEET THE GUIDE | 案内人 | | **SIMON FREEMAN** サイモン・フリーマン |

ロンドンに生まれ育ち、不健康な生活の解毒剤としてランニングをはじめた。程なくしてフルマラソンを目指すようになり、その後、走ることへの情熱に人生を捧げるようになる。妻のジュリーと共に『Like the Wind』を創刊してからは、ランニングの地平を広げるためにトレイルへと繰り出し、多数の大会に参加してきた。UTMB CCC（クールマイユール - シャンペ - シャモニー）も 2 回走破。現在は人生の半分を走ること、ランニング・コミュニティへの参加、新規ルート開拓に費やし、残りの半分は『Like the Wind』読者にインスピレーションと原動力、そして愉しみを届けるために、走ることにまつわる物語を発信している。

訪れる際に覚えておきたいこと

シャモニーは、ハイカーにもランナーにも親切だ。トレイルは整備されていて、わかりやすい案内板もある。黄色い矢印は次の目的地を示し、多くの場合、距離と時間も表記されている。スピードハイカーやランナーは、案内板の表示より少なくとも 25% 早く走破できると見積もるといい。木や石にも白や赤のペンキで書かれたマークがたくさんあり、それを目印に歩くこともできる。

高地に慣れていない人にとって、山々に囲まれたシャモニー渓谷は標高への挑戦となる。シャモニーの標高は 1,035m で、酸素濃度の違いは、谷底でも感じることができる。他に類を見ないほど豊富なコース（簡単なものから金属製のはしごを使った登山レベルのものまで）が用意されていて、町を出て 2 時間以内に標高 2,000m に到達することも難しくない。一方で、標高が高いため息切れは必ず起こるし、走ればその苦しさが増幅することも、言うまでもない。

アルプスのトレイルの標高（1,500m〜2,500m）で具合が悪くなることは稀だが、高山病のリスクを無視はできない。頭痛や目まい、吐き気がある場合はできるだけ速やかに下山しよう。症状がある場合、命を脅かす可能性もある高地肺水腫（HAPE）や、肺に水が溜まっている可能性もある（一般的には、標高 2,500m 以上で起こることが多い症状）。

標高が高いため、天候も予測不可能だ。出発前に必ず、自分がその日訪れる地域と標高の天気予報を確認しよう。ホテルや山小屋のスタッフは山の天気に詳しいので、アドバイスを求めるといい。

	おおよその距離	160km		最高標高	2,432m		気候	高山性：夏は 20〜25℃。高度が上がるほど寒くなる		地形	草地 / 岩場 / 大きな石 / 根が張り出した場所もある
	おおよその獲得標高	10,000m		お勧めの季節	6〜9月		挑戦レベル	ミックス（誰でも挑戦可能）		注意点	急勾配 / 水場なし / 予測不能な天候

Tour Du Mont Blanc

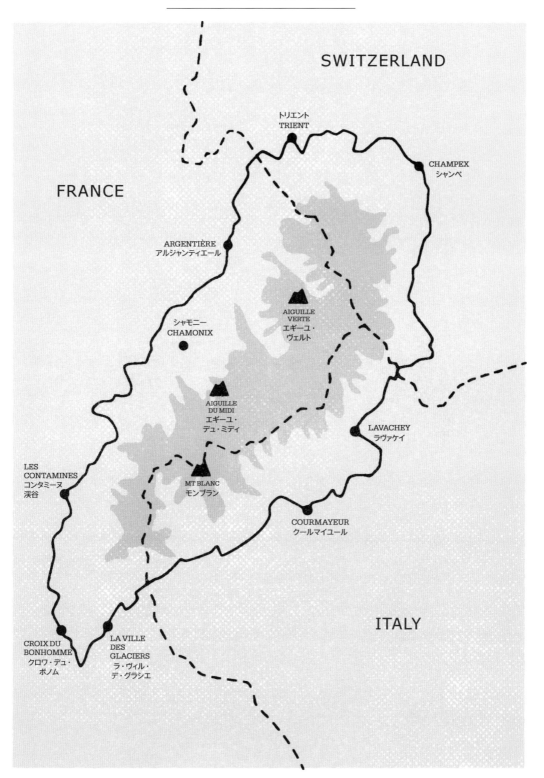

INVERIE & THE KNOYDART PENINSULA

スコットランド
インベリー&
ノイダート半島

| 04 | SCOTLAND: EUROPE |

Inverie & The Knoydart Peninsula — Scotland　スコットランド　インベリー&ノイダート半島

A SCOTTISH HIGHLAND LANDSCAPE SHAPED BY WATER

水が育んだ
ランドスケープ

GEORGE BAUER　ジョージ・バウアー

ヘザーが咲き誇る広大な大地、曲がりくねった羊の通り道、
ゴツゴツした山頂。
季節ごとに、息を飲むような色の変化がもたらされる。

　ノイダートは、神話的な雰囲気が漂う島だ。水の豊かさが季節を次々に変えていく。春はあらゆる種類の野の花が咲き乱れ、秋の色彩は毎日変化する。夏には、雨や雪が無数の季節を経て削り取ってきたギザギザの峰が大空とのコントラストを作り出し、芸術家の心を射抜く。

　陸路ではアクセスすることができず、気象条件も厳しいことから、ノイダート半島は今も、スコットランドの中でも最も訪れにくい場所にあるといえる。スコットランドの西海岸は豊富な雨に恵まれているため、素晴らしい湖や河川が形成されている。

　ノイダートとグレネルグの魅力は、深いヘザーに覆われた広大な大地、曲がりくねった羊の通り道、小さな村の上にそびえる岩だらけの山頂、そして美しいコーベットやマンロー（この地域特有の山の呼称）に囲まれていることだろう。スコットランド登山クラブによると、この地域では山を高さによって呼び分けていて、マンローは海抜915m以上、コーベットは760m以上の山として記載されている。

　誰が訪れても、ノイダートへの旅は思い出深いものになるはずだ。世界でも有数の景観を誇る鉄道でマレイグまで旅をしたら、町の中心部インベリーへは、マレイグから45分間の小さなフェリーに乗るか、または3日間かけて、ロケバーの壮大すぎる地形を歩くことになるのだから。ノイダートでは車の使用は必要最小限に制限されているので、到着したら自分の丈夫な脚が唯一の交通手段となる。

　ノイダートの中心、インベリーは、雑貨店、パブ、真新しい村役場、そ

→ スコットランドの写真家でトレイルランナーのルーベン・タブナーが、ネヴィス湖の高台にあるノイダートを探検。

してザ・テーブルでできている。ザ・テーブルはインベリー湾とラム島の美しい景色を一望できる地元のたまり場で、地元住民も訪問者も共に飲んで語らうことができるオープンな小屋だ。

ホーン湖の北側、道路の終点には、アーニスデールとコーランという小さな村がある。ハイキングでも、グレネルグ経由のドライブで素晴らしい景色を楽しみながらでも、バリスデールからの小さなプライベートボートでも訪れることができる。2つの小さな村は、美しく険しいグレン・アーニスデールや、近くのマンローやコーベットへと向かうのに完璧な拠点でもある。

ノイダート地域は、フォート・ウィリアムからスコットランド北部のケープ・ラスまで伸びるケープ・ラス・トレイルの一部でもある。ケープ・ラス・ウルトラは、スコットランドで行われるマラソン・デ・サーブルの寒冷・多雨・長距離版と言われ、英国の多くのランナーが目標とする大会だ。この地域では、スポーツとして山を走ることが流行っている。

そんなインベリーから、素晴らしい4日間の冒険をはじめよう。荒れた海を見ていると、探検を兼ねたランなど歓迎されていないような気持ちになるかもしれないが、靴を履いて外に出ることを強くお勧めする。インベ

リー周辺の小さなトレイルは、自分の立ち位置を再確認するのにきっと役に立つ。新鮮な空気を吸って、心も身体もほどくいいきっかけにもなる。東のロングビーチに向かえば、インベリー湾からの美しい景色と、遠景にはラム島を臨むことができる。ここから村を一望できる上、キルチョーン・エステートの上に広がる素晴らしいグレン（渓谷）の眺めも楽しめる。川に沿って進むとエステートの小さな橋があり、さらにノイダート・ロッジを過ぎて右折すると、ノイダート・イン・ア・ナットシェル・ループに合流する。このトレイルをたどれば、青々とした森を抜け、美しい清流を越えてインベリーに戻ってくることができる。

　２日目はバリスデール湾へのファストハイクの旅だ。周囲の山々には、人が住んでいる気配がほとんどないことにすぐに気づくだろう。トレイルは、インベリーの裏手の森を抜ける四輪駆動車用の道で始まり、インベリー川のそばの渓谷を上っていく。ノイダートで最も高い２つのマンローであるラダー・ベインとルイネ・ベインの間にある鞍部、マム・バリスデールに向かって進めば、その風景に畏敬の念を抱かずにはいられない。

　ダブロカイン湖（小さな黒い湖）のほとりに到着すると、流れるような道は１本道に狭まり、穏やかな水面に反射してこの先の上りの絶景が見える。足元は岩から水たまりへと変わり、泥沼の１本道はマム・バリスデールへと続いていく。このコル（鞍部）は、飲み物や食事をとるのに絶好の休憩場所で、振り返れば湖のきらめく水面を見下ろすこともできる。ここで３回ほど深呼吸して、あるものすべてを自分に取り込めるといい。

← スグル・コレコネから望むネヴィス湖。

↑ トレイルに出ると、ルーベンはバリスデールに向かうルートを奔走。想像を絶するほど新鮮な水を飲む。

下りは1本道で、どこまでも続く羊の道や小川を横切っていく。ハイランド牛が丘のふもとを守り、野生の鹿が渓谷に茂るヘザーでくつろいでいる。この日のゴール地点は、トラックの終点にあるホーン湖の浜辺。バリスデール湾の桟橋だ。

バリスデール湾からアーニスデールとコーランへと向かう船の船長は、地元の伝説的人物であるピーターだ。この小船の旅を、単に湖を渡る近道と捉えてはもったいない。コミュニティの年長者の話を聞くことができる稀有な機会なのだから。ピーターとご家族はこの地域に何世代にも渡って暮らしてきた上、ピーター自身がウルトラマラソンを数回完走したランナーでもある。

3日目は新たな挑戦だ。グレン・アーニスデールを探索し、ベイン・ナン・カオラックの頂上に上ろう。水とその流れが生み出すありのままの美しさを存分に味わうことができるはずだ。渓谷を離れ、川を渡り、深い原生林を通り、最後に通り過ぎる滝は、アーニスデール川の始まりの場所である。ここからトレイルは湖畔を曲がり、ビーラック（峠）に向かって沼地の道を左折する。時期によっては、沼地がどこまでも続くように感じるかもしれないが、一歩ずつ進もう。ベインに向かって最初の道を左折すると、忘れられない景色が待っている（雲がかかっていれば想像上で、晴れていればリアルに）。あとは、ジグザグのダウンヒルを楽しみながら渓谷に戻り、ホーン湖畔に向かうのみだ。

最終日は、ホーン湖のほとりのオールド・コースト・パスを進む。この日のご褒美は、コースの最後にある熱い紅茶と自家製ケーキだ。シーナズ・ティーハットというカフェをスタート＆ゴールとして行って帰ってくるシンプルなコースで、人懐っこい鶏に挨拶をしながら、ノイダートの小

↑ ネヴィス湖とラム島に沈む夕日。
← アン・ダブ・ローカイン湖からの水の流れ。
→ ノイダートのかたちは、水がつくる。

A SCOTTISH HIGHLAND LANDSCAPE SHAPED BY WATER

↑ 世界の頂上から眺める雄大な景色。

↑ ロングビーチ、インベリー、そしてルイネ・ベインを遠望する。

石の多いビーチに向かう。崖や木の根を乗り越えて砂利のビーチに戻る起伏に富んだトレイルで、3つ目の浜でコースは終了。湖の幅が狭まり、対岸のバリスデール湾を見渡すことができるこの場所で、数日間の成果を振り返る時間としよう。

ハイランド地方、特にロキャバーとノイダートは、私にとって特別な場所だ。新型コロナウィルスへの恐怖が蔓延して、部外者があまり歓迎されない時期もあった。私は野の植物を採取して食べることが好きな料理人で、肉が主食のこの地域で料理をすると笑われることもあった。この町を囲む自然の身近さ、生命についての思いを共有することで、ようやく地元の人々との強い絆が生まれた。

私はオーストラリアで育ったランナーなので、ロキャバーやノイダートの地形に最初はかなり苦労した。果てしない湿地といくつもの泥道を走り、家に着く頃には靴はびしょびしょ、膝は泥だらけなのだから。

ある日、ルイネ・ベインの北の尾根で沈む太陽を見ていた時、ノイダートの神話的な自然に包まれたと感じた。鳥が鳴き、アカシカの家族が広大な野生と輝く湖を見つめていた。この大いなる世界で生きている自分がとても小さく感じられ、訪問者として受け入れてもらえた幸運を噛みしめた瞬間だった。

↑ 画家が夢見るような風景を作り出してくれる自然。
↓ ノイダートには本当に、神話的な雰囲気がある。

MEET THE GUIDE 案内人 | GEORGE BAUER ジョージ・バウアー

オーストラリア、メルボルン出身のジョージ・バウアーは、人生の長い時間を砂いっぱいのビーチトレイルで過ごしてきた。ある時から、玄関を一歩出たら山の中という環境でシングルトラックトレイルを探検したいと夢見るようになり、自分に流れるケルト民族の血にも導かれるようにして、スコットランドの高地に移住した。

料理人であり、プロジェクトデザイナーでもあるジョージは、自分が好きな2つの領域（地元の旬野菜でプラントベースの暮らしを営むこと×自然の中で心と身体を動かす探求）が重なる場所でコミュニティづくりを続けている。幸運にも世界中でウルトラマラソンや非公式のイベントに参加する機会に恵まれたことで新しい視野を得て、それが走り続けるモチベーションになっている。走ることは探求であり、忘れがたい経験を誰かと共有することである。

訪れる際に覚えておきたいこと

　フェリーで上陸する時にお気づきの通り、たくさんの物資がボートで運び込まれているが、農業が豊かで、自給自足も浸透している土地だ。冒険は入念に計画して、民家の玄関をノックして誰かに料理してもらう羽目にならないよう注意しよう。地元コミュニティの美しい家々の中には、予算に応じて選べる宿が何軒かある。事前によく調べよう。インベリーでも、ロックホーンでも、宿は十分に余裕を持ったタイミングで予約できるといい。アーニスデールやコーランへ行くピーターの小船も同様だ。

　インベリーにあるザ・テーブルは地域住民の活動拠点で、雑貨屋で飲み物を買うと、地域振興活動の応援になる。冒険の3日目と4日目は、シーナズ・ティーハットで時間を過ごすことになるだろう。食事をすることで、地元の経済に貢献することができる。どんな訪問地を訪れる時も、自分が到着した時よりきれいにして去ることも、お忘れなく。

　地形的にはやさしく感じるかもしれないが、インベリーに到着して1日目はゆっくりと進み、残り3日間の冒険に備えて大事な脚を温存することをお勧めする。2日目には、あなたと、野生動物と、トレイルだけしかないのだから。水と食料は十分に準備しよう。4日目の終わり、グレネルグとシール橋へと向かう道路が、文明世界へと戻ってくる境界線だ。グレネルグ・タクシーでタクシーを呼ぶこともできるし、シール橋行きの不定期バスもある。

おおよその距離	40km	最高標高	780m	気候	雨が多い。激しいことも	地形	泥がち / 時に岩場
おおよその獲得標高	1,800m	お勧めの季節	1年中	挑戦レベル	初級	注意点	雨が多いため、泥がち

inverie & the Knoydart peninsula
インベリー&ノイダート半島

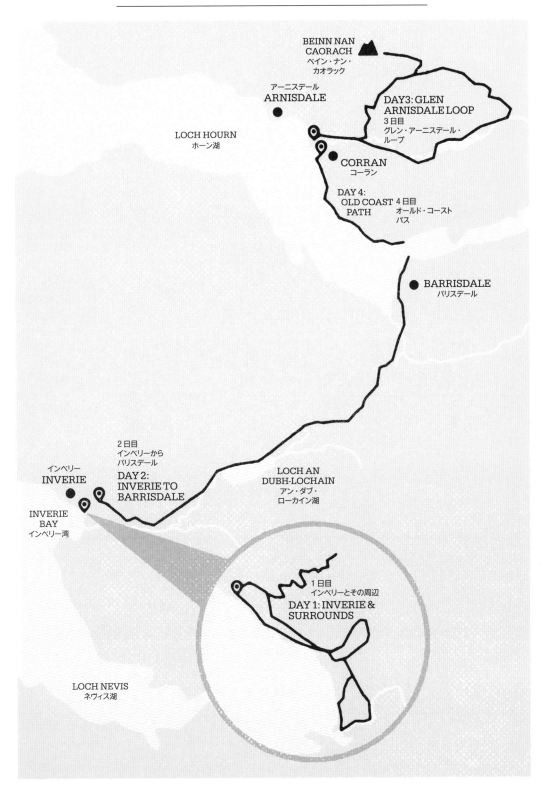

A SCOTTISH HIGHLAND LANDSCAPE SHAPED BY WATER

Corsica — France　フランス　コルシカ

ONE STEP AT A TIME 一歩ずつ行こう

GUILLAUME PERETTI　ギヨーム・ベレッティ

**コルシカ人はゆっくりと時間をかけて島の美しさを自分に取り込み、
感謝する。踏み固められた道から少し離れてみると、
輝く小川、白い砂、そして地域の温かいもてなしに迎えられる。**

　フランスが好きだという人もいれば、イタリアがいいという人もいる。
コルシカは、2つの文化が愛した子どものようだと言える。フランス本土
の南東、イタリア半島の西にあるフランス領のこの島は、両文化を反映し
た典型的な場所だ。地中海で4番目に大きく、「イル・ド・ボーテ［美し
い島］」という呼び名がぴったりだ。白い砂浜と岩がちな断崖から成る海
岸線は、1,000kmにも及ぶ。内陸に足を進めれば、丘陵の森には柔らか
な松が点在し、なだらかな渓谷には澄んだ水が流れている。中心部には、
島の3分の2を占める険しい山々がそびえ立つ。

　コルシカのトレイルは壮観で、勢いよく駆け下りたくなる。それでも、
一歩ずつゆっくりと愉しむのがこの島の流儀だ。コルシカ人は急ぐことを
好まず、島の美しさを時間をかけて享受する。あと数歩だけ余計に歩いて、
さらに美しい見晴らしへと辿り着こう。主要なトレイルのほんの少し上に
ある山小屋まで頑張れば、本物のコルシカ島のもてなしを感じることがで
きるから。

　フランスのグラン・ランドネ（GR）システムの一部として整備され、標
識も備わったトレイルは、ランナーを島の東西南北へと誘い、どんな好
みの者も満足させる。3本の「マーレ・ア・マーレ（海から海へ）」トレイ
ル（北、中央、南）は、海岸線、内陸部の景色、中高度の峰へと案内しな
がら、海岸から海岸へと移っていく。2本の「マーレ・ア・モンティ（海
と山）」トレイルは、心地よい海岸から中央の山頂へと続いていく。そし
て、決して有名ではないが、そんなすべてのトレイルの母にあたるのが、
島の中央部を南北に走る全長約180km、獲得標高約12,500mの16本の
トレイルGR20だ。GR20は一気に走破することもできるが（現在の記録は
2016年にフランソワ・デンスが打ち立てた31時間6分）、風景の美しさをじっ
くりと堪能しながら探索するのがお勧めだ。

→ 南コルシカ、ベルトゥサトの
崖を走る。

また、コルシカ島の古典的な見どころと知られざる素晴らしさをバランスよく巡る3〜4日間のトレイルアドベンチャーには、島の奥地に隠れた歴史と文化の中心地、コルテの町から出発するのがいい。マーレ・ア・マーレとGR20の一部を行くルートで、途中の中高山を楽しみ、ポッツィ（1,800m以上でしか見られない小川や池が点在する緑の牧場地帯）に囲まれた素晴らしい湖をまわって戻ってくるものだ。

この77kmのトレイルの序盤は、22kmで獲得標高1,500mのコースだ。タヴィニャーノ川に沿ってコルテを出発し、マーレ・ア・マーレ・ノルド［北］のオレンジ色の案内板に従って、花崗岩を貫く峡谷を上る。超テクニカルな森の中のトレイルとなるが、足元の感覚はコルシカ島を探索する中で、少しずつ慣れてくるはずだ。輝く川は、何度でもリフレッシュの機会を与えてくれる。ルスリンの歩道橋などは最高だ。セガ小屋を過ぎてさらに5kmの間に標高500mを上り、森を抜けると最初の目的地であるベルジュリー・ド・ヴァカジャに到着する。ここは羊飼いのノエルが管理していて、1泊すれば本物のコルシカのもてなしを体験できるだろう。

2日目は23kmで獲得標高1,000mという、根気が必要でテクニカルなコースだ。1日ではなく、2日に分けて歩くのもいい。早朝、自然のままの緑豊かな草原の中にニノ湖(ボッツィ)を見つけるところから冒険はスタートする。GR20を北上して、風雨にさらされたむき出しの鉱物の世界を通ると、この場にはちょっと不釣り合いなホテル、カステル・デ・ヴェルジオにたどり着く。ここでコーヒーやランチ休憩を取ることができる。その後は比較的平坦な道がベルジュリー・ド・ラデュールまで続く（途中、近くの滝に立ち寄ってもいい）。その後、急坂を上ったら、山小屋のシオトゥル・ディ・イ・モリで1泊することができる。もし日没まで1時間ほど時間を残せたら、急勾配の露出したトレイル（部分的にロープの手すりあり）を歩き、カプ・タウナチュ（突き抜けた頭）という地層を見に行こう。場所は、山小屋のすぐ上だ。55×16mというフランス最大の自然のアーチが岩に開いていて、コルシカ島の最高峰モンテ・チントの象徴となっている。

← チント山脈のアスコ渓谷。1990年代に焼失した旧アルトーレ小屋からの眺め。
→ コルシカのグラン・ランドネ (GR) コースのほとんどは、白と赤の案内板、またはペンキで道順が示されている。
↓ バヴェッラ山脈は、高山の雰囲気。テクニカルな道もある。

↑ バヴェッラ山脈に上る太陽。GR20 の
トレイルが南東に横切る。

CORSICA — FRANCE

さらに長い1日を過ごしたい場合は、この山小屋を迂回してGR20をさらに7km、獲得標高400mを進み、魅力的なベルジュリー・ド・バローネを経由して、ティグジェトゥ小屋に向かおう。標高1,683mにあるこの山小屋には、GR20のベテラン監視員、チャーリーがいる。持ち前のカリスマ性と陽気な心で、あなたを迎え入れてくれるはずだ。

翌朝3日目は、急な坂道を上る（25.5km、標高差1,500m）。モンテ・チントの横顔を眺めることができるポワント・デ・エブーリに向かおう。モンテ・チントの標高は2,706mで、島全体を見下ろすようにそびえ立ち、息をのむような360度のパノラマで、海まで見渡せる。ここがこの冒険の最高地点で、ここから山小屋のデ・エルコを経由して、絶景のカラクチア湖まで15kmのダウンヒルを満喫できる。カサマッチョーリにあるカーサ・ヴァネラは、設備の整ったB&Bなので、ここで1泊するのもいい。翌日、タクシーでコルテに戻ることもできるし、まるで絵画のようなループを徒歩で戻るのもいいだろう。

コルテへの帰路は、4日目のオプションとして、距離25km、標高差1,200mのトレイルを行くのもお勧めだ。コルテのアーチとして知られる風化した花崗岩の壮大な自然のアーチを通りながら、山頂を経由してコルテに戻るローカルなルートで、カーサ・ヴァネラから谷に沿ってボッカ・ディ・ラリネッラまで上り、ボッカ・ア・カナヒアまで山頂を目指す。帰路にある最後の水場のひとつ、ベルジュリー・ドゥ・パデュレでは、羊飼いのミシェル・トゥッチからチーズを買うことができる。その角を曲がると、壮大なアーチが見えてくる。その後、高い岩場の道を辿り、森や草原を抜けて、町まで下りる。

GR20のコース記録の歴史は長い。2006年、ピエロ・サントゥッチが36時間53分という高いハードルを打ち立てた。私は20歳の頃から、その記録を破るのが夢だった。2009年、キリアン・ジョルネが32時間54

↑ カボ・タフォナートに到達するためのテクニカルな道。
← 生物保護区、タヴィニャーノの森を出て、樹林帯の上にある鉱物地帯へ。
→ マーレ・ア・マーレのルートからすぐのところにあるカスケード・デ・ラデュレの水たまりでひと泳ぎ。

分24秒という驚異的なスピードでFKT（Fastest Known Time）［特定のトレイルコースを走ったGPSデータを元にタイムを競い合うアクティビティのこと］を達成した時は衝撃を受けたが、それで諦めることはなかった。2013年、コルシカ島で初めて開催されたウルトラトレイルレース、「110kmレストニカ・トレイル」で優勝した時、ルートを熟知している自分なら、GR20の記録を出せるかもしれないと思った。私生活を顧みない1年間の準備期間を経て、2014年に地元チームのサポートを受けながら挑戦したところ、なんと32時間ちょうどの新記録を樹立した。

　その時の気持ちは、言葉で表現することはできない。記録は、私にとってのオリンピックメダルであり、人生最高のパフォーマンスだ。しかし、そのために払った犠牲も大きかった。コルシカの精神は山の民によって形成されてきたが、羊飼いたちはいつだって自然に近い生活を送り、物事が自然のタイミングで起こるのを受け入れ、土地にあるものとその物語を共有して生きてきた。記録を達成するために自分の本能だけを貫きとおすのは、あまりにも無理があるというもの。体も心も「もうやめよう、このままでは未知の領域に足を踏み入れてしまう」という後戻りがきかない一点に達した瞬間を、私は鮮明に覚えている。

　地元のトレイルランニングで自分なりのオリンピックメダルを獲得したことは誇らしいが、やり過ぎたことは誇れない。その後に支払う代償は、精神的に高すぎた。

　今、私はよく考えながら走るようになった。予期せぬ事態に備えるために時間を作り、しっかりと計画を立てる。この姿勢をすべてのランナーにお勧めしたい。

→（右上）トレイルランナー、ギヨーム・ベレッティ。アルジェント湖近く、モンテ・チントの下。
→（右下）モンテ・チント山脈らしい岩とトレイル。
↓トレイル2日目、ニーノ湖のポッツィ（超高地の草原）。

	MEET THE GUIDE 案内人	**GUILLAUME PERETTI** ギヨーム・ペレッティ

山の中で水力ダムの技術者として働くギヨーム・ペレッティは、昼休みに、職場の上にそびえるモンテ・チントでバーティカルキロメーターをするのが日常だ。そんなギヨームの故郷は「海の上のバルコニー」とも呼ばれ、陽の光に溢れる東コルシカのチェルビオーニで、その峰々を望むことで、幼少期から想像力を掻き立てられてきた。コルシカ中央部のコルテにある祖父宅で過ごした夏の時間に険しい山々への愛を募らせ、22 歳になるとコルテに移住した。

両親はアウトドアは好きでも競争には疎く、15 歳で 45km のトレイルレースに出たいと言い出した息子に驚いた。大会側も、最年少選手のために例外枠を用意しなくてはならなかった。ギヨームはその時からずっと走り続けている。

訪れる際に覚えておきたいこと

島を訪れるのは簡単だ。飛行機でも、陸路でも、フランス本土やイタリアからの夜行フェリーでも上陸することができる。コルシカのトレイルは元はハイカーのために整備されたものだが、ランナーにも理想的だ。短い間隔で山小屋があり、柔軟に動くことができる。赤と白の GR 案内板は分かりやすく、たくさん設置されている。

ガイドブックのアドバイス通りに夏の混雑を避け、6 〜 7 月上旬、9 月を狙う登山者が増えた。結果として、7 月下旬と 8 月の人気が減っているのが現状だ。

島だと思って油断してはいけない。コルシカは山々から成る大地で、Tシャツで過ごせる気温から雪が降る気温まで、急速に天気が変わる。6 月と 9 月は濃い霧が立ち込めて気温も低く、8 月になると午後に猛烈な嵐が吹き荒れる。7 月は比較的驚きが少ない月だが、服の備えは十分にあるといい。

ほとんどの川の水は安全に飲むことができるが、いつも 1.5 リットルの飲料水を持ち歩くことをお勧めする。

携帯電話の電波状況はおおむね良好だが、ネットワークに入ることができない場所もあるので要注意。緊急時のため、すべての山小屋には電話線とインターネットが完備している。

宿は簡素で、山小屋（観光客向け、警備員付き）とベルジュリー（羊飼いの小屋）がある。ベルジュリーにはシャワーもなく、快適さはほどほどだが、ボリューム満点の食事とベッド、またはテントは用意されている。

すべての山小屋には水シャワー（時に温水シャワー）、夕食、翌日のお弁当または小さな売店がある。国立公園のウェブサイトから、事前にベッド（またはテント）の予約をしておきたいが、GR トレイルに面していないベルジュリーなどは、予約なしで泊まることも可能だ。

おおよその距離	95km	最高標高	2,706m	気候	急速に変わりやすい / 夏の最高気温は 23℃	地形	花崗岩 / 牧草地
おおよその獲得標高	5,500m	お勧めの季節	6 〜 9 月	挑戦レベル	上級	注意点	急勾配 / 水場なし / 予測不能な天候 / 残雪

アラウンド モンテ・チント
Around Monte Cinto

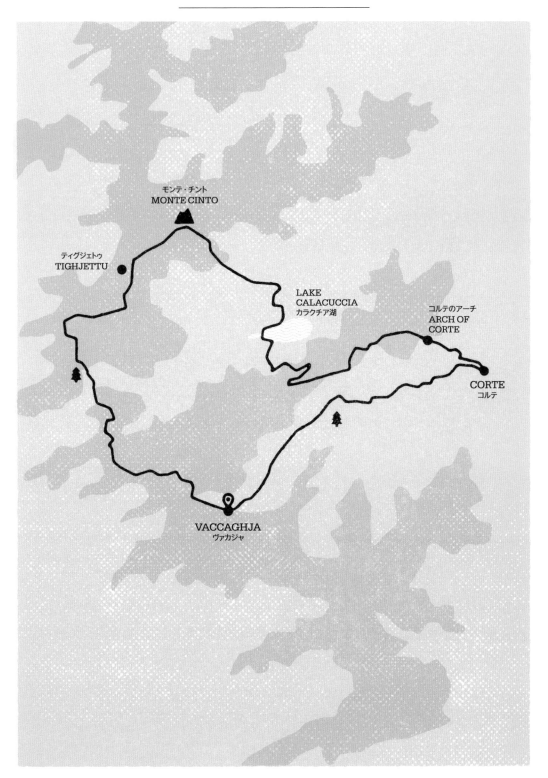

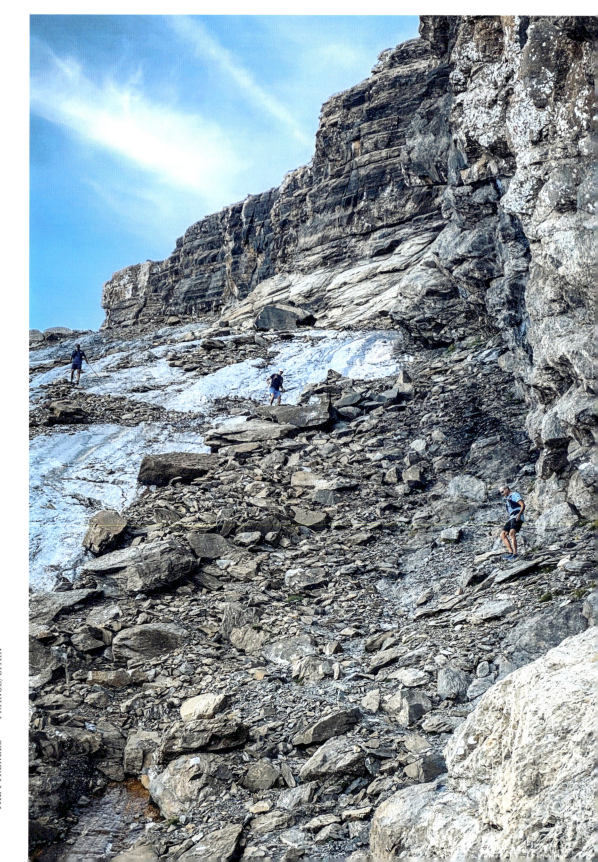

The Pyrenees — France/Spain フランス / スペイン　ピレネー山脈

FINDING BEAUTY ON THE LOST MOUNTAIN
失われた山の美しさ

TOBIAS MEWS　トビアス・ミューズ

ヨーロッパで2番目に大きな山系は、
アルプスと比べて人間があまり立ち入っていないのが魅力。
大らかなトレイルと急な上りがユニークに織り混ざる。

　　　ピレネーの地図を開いてみるまで、全長435kmの山脈の全貌を真に知ることはできない。大西洋側のバスク地方（スペイン）とペイ・バスク地方（フランス）の山々の標高は特別高くはないが、荒々しい未開の地だ。スペイン・バスク地方の西端にあるゼガマ・アイズコリのレースコースや、フランスのペイ・バスク地方にあるスカイリューンのレースコースは、なだらかな丘陵地帯にある素晴らしいトレイルとなっている。一方、ピレネー山脈の内陸側に入ると、山はぐっと険しくなる。オッソー渓谷のトレイルは、壮観の一言に尽きる。点在する湖の中にサメのヒレのように突き出た岩、ピック・デュ・ミディ・ドッソーは有名だ。

　　　ピレネーはヨーロッパで2番目に大きな山脈でありながら、アルプス山脈に比べればまだ野生の秘境といえる。フランスとスペインにまたがるピレネーは同じコインの裏表のようなもので、双方でまったく別の世界を探検し、走り抜けることができる。

　　　フランス側は気候が温暖で湿度が高く、山は急な上りばかり。コルビエール山塊の他に本格的な山麓はない。一方、イベリア半島側では山麓のコースは緩やかだが、最も大きな山々はスペイン側にある。最高峰はピコ・デ・アネト（スペインで3番目に高い山でもある）だ。

　　　ピレネー山脈のどちら側にも、何千キロメートルもの案内板付きのトレイルが広がっている。いくつもの国立・地方公園があり、6つの「ステーション・ド・トレイル ®」（案内板がある整備されたトレイルランニングセンター）があり、冒険と発見には事欠かない。一方で、1つの谷を除いてす

← ツール・ド・モンテ・ベルディードでの岩場の下り。多くの人が通る場所ではない。

べてが北から南へ向かっているため、渓谷間の移動はなかなか難しい。

　地中海から大西洋までの山脈を横断する最も有名なコースは、間違いなくGR10（フランス）とGR11（スペイン）の2つだ。どちらも難易度は高いが、他ではなかなか見ることができない地形に出会うことができる。もう少し冒険してみたい人には、オート・ランドネ・ピレネーヌ（ピレネー山脈のハイルート）が魅力的だろう。山脈の尾根に沿って、スペインとフランスの国境を横断する、案内板はないが、真っ直ぐに進むトレイルだ。

　ツール・ド・モンテ・ペルディード（失われた山）は、数日間かけて行くマルチデイ・トレイルとしてはヨーロッパの中でも数本の指に入る最高の場所だが、その名を聞いたことがある人は多くない。『ロード・オブ・ザ・リング』のような冒険を連想させる名前だ。ピレネー山脈のこの地域はヨーロッパで最も人口が少なく、最も探検されていない地域のひとつだと知ると、魅力はさらに倍増する。

　距離はフルマラソンを数キロ上回る46km。「大したことはない」と感じるだろうか。短い距離だと侮ることなかれ、獲得標高は4,200mあり、ピレネー山脈で3番目に高い山（3,355m）周辺の2つの国、ユネスコ世界遺産、2つの国立公園を通過するこのコースは、決して公園を歩くようにはいかない。悪名高いガヴァルニー滝（ヨーロッパ最高峰の滝）、ローランズ・ギャップ（歯のような形が特徴的で美しい）、オルデサ渓谷（ヨーロッパ版のグランドキャニオン）など、トレイルランナーにとって魅力的なコースが目白押しだ。国境を挟んだ両側のルートには魅力的な山小屋もあり、ルートを2日から5日に分けて歩くことができる。

↑ → モンテ・ペルディードへのアプローチ。この小さなヴィア・フェラータ区間では、ほんの少し注意と配慮が必要。

↑エスプゲットの山小屋。遠くにローランズ・ギャップが見える。

チャレンジしたい人には、1日でトレイルを完走するツール・ド・モンテ・ペルディード・エクストレムもお勧めだ。

スタート地点の選択肢は2つある。フランス側のガヴァルニーもいいが、公式の（そして間違いなく最高の）スタート地点はスペイン側のアラゴン・ピレネー山脈の美しいピネータ渓谷だ。谷の一番奥、シンカ川のほとりには、山の急斜面に囲まれた山小屋、ピネータがある。このルートで唯一、車でアクセスできる山小屋だ。

ここに食事に来た人たちは皆、その日のトレイルでの冒険について赤ワインを片手に語り合い、興奮した雰囲気に包まれる。スペイン・ピレネー山脈を縦断する820kmのルート、GR11を旅するために通りかかった人もいれば、展望を楽しむためにバルコン・デ・ピネータへの日帰りハイキングを計画している人もいる。

1日でまわるなら、よく寝て、早めにスタートするのが肝心だ。暗い中、ヘッドライトの光を頼りにピネータを出発するランナーたちは、素晴らしい1日の始まりにワクワクするはずだ。笑顔の裏には、ジグザグに曲がりながら、標高1,300mのピネータ山頂まで上っていくGR11への不安と興奮も見え隠れする。朝日が石灰岩の崖をオレンジ色に染め、見上げると、モンテ・ペルディードが誇らしげに佇んでいる。

とはいえ、ここはまだまだウォームアップに過ぎず、休む時ではない。

FINDING BEAUTY ON THE LOST MOUNTAIN

↑ ローランズ・ギャップ。アルプス山脈に比べると、ピレネー山脈は比較的野性的で未踏の地である。

サファイアブルーの湖を過ぎたら、手足を使いながら再び上り、ブレッシュ・ド・トゥケルイエで目には見えない国境線を越えてフランスに入る。岩壁に挟まれたこの場所には、標高2,666mとピレネー山脈で最も高く、最も古い山小屋のひとつがある（1890年開設）。守る者はいないが、12台あるベッドが夏は常に埋まっている。

いかにもピレネーらしいこの山小屋からの下りは、滑りやすい崖や岩がたくさんあって危険だが、そう遠くないところに有人のエスプゲット小屋がある。ここをチェックポイントに想定しておくといい。冷たい飲み物や軽食をつまんでいると、ここに暮らすロバが通りすがりの人たちを興味なさげに見つめるのに遭遇する。

山小屋からは、滑らかで流れるような1本道が待っている。「その時」に備えて、足を緩めておくチャンスだ。実際、この後に待ち受けている光景に圧倒されないはずがない。フランスの作家ヴィクトル・ユーゴーの言葉を借りると「山であり、壁である。これほどミステリアスな建物は他にない。大自然のコロッセオ。それがガヴァルニーだ」。

ガヴァルニー圏谷は石灰岩でできた巨大な自然の円形劇場で、高さ423mの滝が崖の上から流れ落ちている。ここでは道から外れ、エシェル・

↓ ヨーロッパ最大級の渓谷、オルデサ渓谷。

デ・サラデットと呼ばれるトリッキーで体力を使う岩場を、手と足を使ってよじ上る。標高 2,807m を見上げると、まるで子どもが笑った時に見える欠けた歯のように佇んでいるのが、ブレッシュ・ド・ローラン（ローランの裂け目）だ。伝説によると、この自然の裂け目は、ローラン伯爵がロンスヴォーの戦いで敗れた後、魔法の剣デュランダル（フランス版アーサー王の剣、エクスカリバー）を振りかざした時にできたと言われている。

この神聖な裂け目に到達するにはブレッシュ氷河を越えていくことになるが、古代の氷は、温暖化の影響で日に日に縮小していくように見える。幅 40m、高さ 100m の自然の裂け目には、どうしても目を奪われる。何もせずに座って景色を眺め、その神秘的な自然の造形に思いを馳せたいところだが、長時間の滞在は我慢しよう。1日で1周するのであれば、休む時間はほとんどない。

幸い、スペインとの国境を示すその裂け目からの下りはスムーズで簡単だ。ただ、小さなヴィアフェラータ［ワイヤーロープやはしご、木製の歩道や吊り橋のように固定された設備などがある登山コース］には注意が必要だ。

さて、再び風景が変わる。木はなく、草と石灰岩が何層にも重なっている。上り下りの連続は脚に負担をかけてくるし、裂け目からゴリスの山小屋までの道のりは永遠に続くようにも感じられる。この山小屋は、月面のような風景の中に存在する文明のオアシスだ。休憩する者を温かく迎え入れてくれる。モンテ・ペルディード登頂の帰りなどで、疲れながらも満足げな表情で夜を過ごす人たちを見かけ、少し羨ましく感じるかもしれない。

山小屋から離れるのは後ろ髪を引かれるが、トレイルのすぐ近くには、アメリカの旅行パンフレットからそのまま飛び出してきたような風景が広がっている。オルデサ渓谷は、グランドキャニオンにとてもよく似ている。

人の手が加えられていない、広大な自然の驚異だ。遥か下には、コーラ・デ・カバロの滝が谷間に流れ落ち、アラザス川と合流する。スーパーヒーローのような視力がある人なら、川沿いの舗装路を滝まで歩く観光客の姿を見ることができる。大自然と小さな人々のコントラストは息を呑むほど美しい。

　トレイルが果てしなく続き、諦めたくなってきた頃、眼下に広がるピネータ渓谷にスタート地点が現れる。山小屋から数キロメートルも離れていない。しかし、安心するにはまだ早い。疲れている足には、まだまだ長い道のりだ。1時間くらいだろうと思っていたら、1,500mの下りの辛さが現実味を帯びてきて、あっという間に2時間が過ぎる。

　とはいえ、どんな冒険でも、終わりが見えてくると、頑張る気力が湧いてくるもの。20時ぴったりに夕食が用意されていると知っていればなおさらだ。地元の人々も観光客も、川沿いを歩きながら何気なく目線を交わし

↓ 日の出のバルコン・デ・ピネータに向かって走る筆者、トピアス・ミューズ。

↑(左)ヨーロッパで最も高地にある滝のひとつ、ガヴァルニー滝。
↑(右)上り下りが続き、足に負担がかかる。

合い、「オラ［スペイン語でこんにちは］」と挨拶するのが習慣になっている。なにしろ、ほとんどの人が4日間をかけてモンテ・ペルディードを完走している同志なのだから。

　妻と一緒にフランスのピレネー山脈に移住することを決めた時、私は何時間も、いや何日も地図と向き合って、渓谷と支流をたどり、高所を探し、Google Earth の画像を延々とスクロールして、昼と夜のように対照的なピレネーの二面性に見入っていた。

　どちら側を見ても、ピレネーのつつましやかな素晴らしさに魅了される。スマートフォンでつながりあう世界に生きる私たちが、ピレネー山脈に一歩足を踏み入れた途端、何か別のもの、つまり、自然とのつながりを取り戻すことができるのだ。ヴィクトル・ユーゴーは、1843年7月にピレネーを訪れた時のことをこう書いた。「アルプス、アンデス、コルディリェーラを訪れ、今、ピレネーを目の前に数週間を過ごしている者よ。ここまで見てきたもの、そしてこれから見るものすべてが、あなたがこれまでの人生では出会ったことがないものばかりであろう」。

　本当にその通り。ピレネーはこの地球上で唯一無二の存在だ。すべてのトレイルランナーが一度でいいから訪れるべき場所だと思う。もしかしたら、ここに移り住みたいと思う人も出てくるかもしれない。

| | | MEET THE GUIDE 案内人 | TOBIAS MEWS トビアス・ミューズ |

トビアス・ミューズはイギリスが誇る冒険ジャーナリスト。サハラの砂漠レースや、森を走り抜く UTMB、スウェーデン・オティロ群島でのスイムラン、ウェールズの山々の尾根を走るドラゴンズ・バック・レースなど、世界中の人気レースに挑戦しては発信してきた。著書である『死ぬまでに走りたい 50 のレース』（未邦訳）(p. 248 参照)、『Go! An Inspirational Guide to Getting Outside and Challenging Yourself（野外で自分に挑戦するためのインスピ レーション・ガイド)』（未邦訳）の他にも、多くの雑誌や新聞でトビアスの文章を読むことができる。持ち前のジャーナリズムと冒険心が彼を世界中へと誘ったが、家族と暮らす拠点としてピレネーの魅力にかなう場所は他になかった。妻のザィーヌと共に、トレイルランナーとサイクリストのための宿「シークレット・ピレネー」を営む。ピレネーの探検に、ここ以上のベースキャンプはなかなかないだろう。

訪れる際に覚えておきたいこと

ピレネー山脈のフランス側のトレイルは、整備されたシングルトラックが多いスペイン側のトレイルに比べて、全体的に「走りやすい」トレイルとは言い難い。

ツール・ド・モンテ・ペルディード（エクストリームまたはマルチデイ）は、通常、個人で挑戦するルートではない。電話は通じず、トレイルを離れるには、徒歩か担架かヘリコプターしかない。さらに、トレイルの多くは標高 2,000m 以上の場所にあり、暖かい気候で峠が開ける 6 月や 7 月でも、チェーンスパイクやアイゼンの携行が勧められている。8 月中旬から 9 月中旬までの 4 週間だけが、雪のない状態でスピードハイクに挑戦できる可能性が最も高い期間となる。ただし、真夏でも雪が残っている箇所があることに注意。また、8 月のピネータ小屋は混み合うため、事前に予約することをお勧めする。

	おおよその距離	46km		最高標高	2,815m		気候	乾燥（スペイン側）/ 湿潤（フランス側）/ 夏の最高気温は 27 〜 30℃		地形	岩場 / 草原 / ガレ場
	おおよその獲得標高	4,200m		お勧めの季節	8 月中旬〜 9 月中旬		挑戦レベル	エキスパート		注意点	携帯の電波が届きにくい、夏に雪、ヴィアフェラータ登山ルート

Tour de Monte Perdido
ツール・ド・モンテ・ペルディード

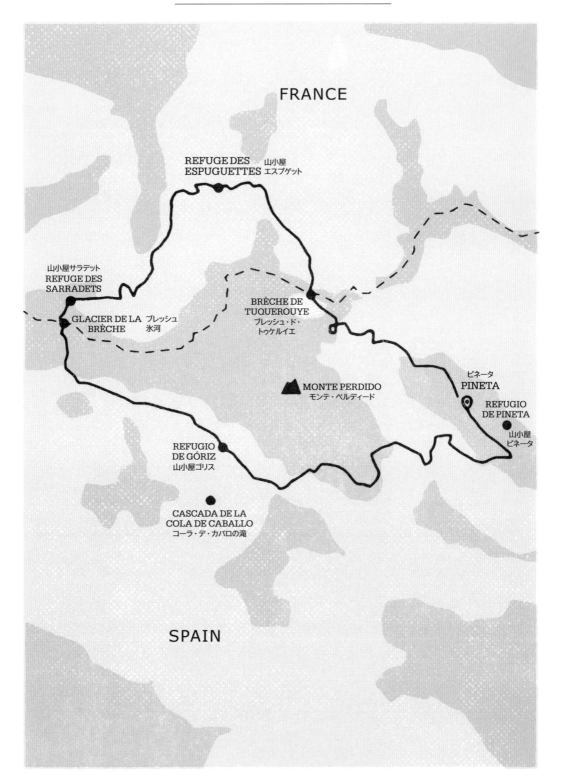

THE KUNGSLEDEN

スウェーデン
クングスレーデン

07 | SWEDEN: EUROPE

The Kungsleden — Sweden　スウェーデン　クングスレーデン

CARVING
スウェーデンで荒野を切り拓く
A PATH THROUGH
THE SWEDISH WILDERNESS

ANNA GATTA　アンナ・ガッタ

クングスレーデンは、北極圏の中にある。
極端な天候が生んだ、ヨーロッパで最も荒涼とした未開の地を行く。

　クングスレーデン—または王の道—は、ヨーロッパで最大級の自然保護区の真ん中を通り、南のヘマヴァンと北極圏深くにあるアビスコを結ぶ440kmの大動脈だ。20世紀初頭、スウェーデンの観光協会が、徒歩で大自然にアクセスする方法としてこのトレイルを作った。

　標高の低いトレイルには白樺林、開けたところにはヒースランド、高所では岩肌がむき出しの高山地帯など、ラップランドのさまざまな環境がトレイルに沿って広がり、美しい湖や雄大な山が点在している。

　最高の景色が見られるのは、ニッカルオクタからシンギを経てアビスコのトレイル終点に至る最北端の区間。ほとんどのランナーや登山者はトレイルを北から南へと走るが、逆方向（アビスコでゴール）に走るとメリットが2つある。ひとつは、スウェーデン最高峰のケブネカイセに上れること。もうひとつは、トレイルの最も美しい場所に向かうルートなので、最後にこの美しさを味わうことができることだ。

　クングスレーデンが際立つのは、この風景を織り成す環境かもしれない。ここが極北の地であることは明らかで、誰もが異国情緒を感じるだろう。トレイルは、ヨーロッパで最も荒涼としたむき出しで手つかずの風景の中を通る。それは北極の風と気候に形成された土地だ。心地よい青空かと思えばカンカン照りへと変わり、風が吹いたと思えば雨が降るといった感じで、天候が分刻みに変わっていく。それが、クングスレーデンを特別な場所にしているとも言える。

→ 木道がたくさんあり、走ることができるルートには事欠かない。

このトレイルは、先住民サーミ人にちなんで名付けられたサーミ地方と呼ばれる地域を通る。その面積は約20,000km²に及び、ノルウェー、スウェーデン、フィンランド、ロシアも一部が含まれ、ルクセンブルクの約10倍の広さだ。ここに住む人は3,000人足らずで、そのほとんどがサーミ人。スウェーデンのラップランドは、この広大な領土のほんの一部というわけだ。サーミ人は何千年も前からこの地に住み、トナカイ飼育や漁師として伝統的な暮らしを営んできた。彼らは冬の寒さには慣れているが、トレイルを目的にこの地を訪れる多くの人にとって、この気温は大きな衝撃となる。

　スウェーデン北部のこの地域には、ストーラ・シェーファレット、サレック、パジェランタ、アビスコなどの国立公園があり、ヒグマ、オオヤマネコ、トナカイが生息している。この荒涼とした美しさが、多くのアウトドア愛好家が「ヨーロッパに残された最後の原生林」と讃える理由となっている。

　ストーラ・シェーファレット国立公園の主役は、アハッカーと呼ばれる山塊。その最高峰ストートッペン（2,015m）は、スウェーデンで8番目に高い山だ。最高峰の頂上から谷間の湖までは、スウェーデンで最も大きい1,563mの高低差がある。

　クングスレーデンの最東端、ニッカルオクタから最北端のアビスコまでは105kmで、3〜4日で走破できる距離だ。珍しいのは木製の歩道が設

　置されていること。クングスレーデンの特徴である湿地帯の上を木道で歩くことができるので、浸食も防がれ、さらにもちろん、走れるコースにもなっている。登山者の多くは途中の山小屋で1泊するが、ランナーならそのまま進むか、あるいは、ケブネカイセに上るために1日多く予定を入れることもできる。

　この地域を探索する人にお勧めしたいのは、整備された（あるいは木製の）道から離れること。スウェーデンでは、私有地であっても一般に開放され、歩きまわる権利がしっかりと保護されている。トレイル沿いには湖や渓谷を探索するための回り道がたくさんあり、丘に上って景色を眺めることもできる。

　クングスレーデンのもうひとつの特徴は、トレイルに自然以外の騒音がないことだ。ランニングやウォーキングをしながら、山や湖、森を眺め、静かな瞑想にふけることができる。

　105kmの冒険のスタートは、山の玄関口と呼ばれるニッカルオクタの山小屋だ。ニッカルオクタから森の中の細い道を進み、ラドヨジャウル湖を過ぎると、道はすぐに岩だらけになる。その後、タルファラヤッカ川を渡りながら上り坂が続き、19kmほどでケブネカイセの麓にある山小屋、ケブネカイセ・フィヤルステーションへ到着する。瞑想スポットを探してみるのもいい。湖をボートで渡ることを選べば、全長距離が6km短縮される。

↑ 山小屋では、ランナーやハイカーの仲間に出会い、疲れた足を休めることもできる。
← スウェーデン観光協会（STF）が管理する山小屋は、設備も管理も行き届いている。

↓ アレスヤウレの手前で、山頂は豊かな赤い光に包まれる。
→ 山小屋はいつも温かく迎えてくれる。驚くほどの心地よさが感じられる場所もある。

↑ トナカイはラップランドを象徴する動物だ。クングスレーデンでなら群れに出会えるかもしれない。

→ クングスレーデンでは、ヨーロッパで最も魅力的な風景のいくつかを通り抜けることができる。

　　ケブネカイセは、10の氷河が流れ落ちてくる標高2,015mの山だ。できれば1日余計に時間を作って山を上り、氷河を見るのをお勧めする。朝、山小屋を出発し、日中のうちに戻り、1泊してから再びトレイルに入ろう。

　　ケブネカイセ・フィヤルステーションからシンギまでの15kmは、緩やかに下る。この辺りからトレイルはずっと森林限界を超えているため、この旅で最も北極的な雰囲気に包まれる。岩肌がむき出しになった山々が迫ってくる。シンギにクングスレーデンのメイントレイルとの分岐点がある。北に向きを変え、最終目的地であるアビスコに向かおう。分岐点からは、クングスレーデンの最高峰である標高1,150mのチェクチャ峠に向かって上っていく。峠に向かう途中、ベッドを50台ほどと、もちろんサウナも備えた山小屋セルカがある。日程が合えば、ぜひ泊まってみたい（シンギからセルカまでは約12km）。山小屋を出たら、谷を北上し、石だらけの急な上りをチェクチャ峠まで進む。

　　峠を越えると、アレスバッジ渓谷を通り、ボッソウヨカ川を越えて下りが始まる。セルカからチェクチャを経て山小屋アレスヤウレまでは約25km。丘の上にあるアレスヤウレの山小屋からは、クングスレーデンに

沿った素晴らしい景色を見ることができる。

　アレスヤウレからアビスコヤウレまでは、沼地、木道、時おり岩場があるおなじみの地形を約20kmかけて進む。アビスコヤウレの山小屋は、素晴らしい透明度を誇るアビスコ湖に面していて、泳ぎたくなる砂浜もある（ただし、水は凍るほど冷たいのでご注意を）。アビスコ川に沿ってアビスコまで行くと（その間15km）、トレイルは湿地帯を横切り、最後は白樺の森に至る。

　クングスレーデン沿いで先住民に出会うことは稀かもしれないが、サーミ人たちがこの土地で動物、特にトナカイを放牧していることは覚えておくといい。トナカイの群れは危険ではないが、トナカイの子どもがいる場合には、彼らの暮らしに配慮したい。暖かい時期（6〜9月）にトレイルで見られる他の野生動物は、蚊や小バエだ。よく遭遇するのは蚊だが、小バエの方が評判が悪い。

　全体として、クングスレーデンは、北欧の素晴らしい一面を体験できる最高の土地だ。トレイルはよく整備されており、小屋も完備されているため、速く、軽快に進むことができる。ただどうか、時間をかけて、この不

↑ 山小屋は 15 〜 20km ごとにあるので、自分のペースでクングスレーデンを走ることができる。

↑ 野生の自然と手つかずの風景は、クングスレーデンらしさだ。
→ ランナーやハイカーのための道順は明確でシンプルだ。

思議な場所をできるだけ深く探索することを忘れないでほしい。

　スウェーデンに住んでいた頃、私は自然を探索することにそれほど興味がなく、ストックホルムから北にはあまり行ったことがなかった。ところが、ニッカルオクタに到着して見た光景に深く驚いた。

　幼い頃、スウェーデンは平坦な国だと思っていたが、認識が塗り変えられた。人口の多い南部は、平坦な平野となだらかな丘、そして巨大な湖ばかりだが、人口の少ない北の方に行けば、間違いなく山がある。最高峰のケブネカイセは、アルプスやヒマラヤ、ロッキーなど、私がこれまでの人生をかけて探検し、自分の能力を試した山脈には遠く及ばないかもしれない。それでも、バーティカル志向の人たちを惹きつけるものはたくさんあるし、私はそこに喜びを感じている。最初にクングスレーデンを走った時には思いもよらなかったことだが、今は、この土地の自然はどこまでも魅力的で、純粋だと知っている。

↑ ランナーのアンナ・ガッタ。シャモニーに住んでいるが、スウェーデン人なので、クングスレーデンのルーツに戻るのも好きだと言う。

		MEET 案
		THE 内
		GUIDE 人

ANNA GATTA アンナ・ガッタ

アンナ・ガッタは、スウェーデンのランナーであり、クライマー。週末や空き時間はすべて、夫と共にトレイルランニングやクライミングに使い、次なる冒険に備えている。アンナはランナーとしてフランスで活躍し、ネパールにも何度も訪れている。チリの荒れた土地を250km 行くアカタマ砂漠レースや、84.7kmノンストップのウルトラトレイル・マウントフジ（STY の部）などを完走。いちばん好きなのは、スロベニアからアルピナ経由で暮らしているシャモニーまで、25 日間かけて行く横断ランである。

訪れる際に覚えておきたいこと

クングスレーデンは、訪問者を北欧で最も美しく野性味の残る場所へと誘うが、トレイル自体は易しく、専門的な装備を必要とするようなテクニカルなセクションはほとんどない。

ケブネカイセの登山は、山の経験がある人にとっては、大した挑戦ではないかもしれない。ただ、北の果てにあるため、山頂には常に氷や雪があることは、覚えておく必要がある。ケブネカイセの山の駅でアイゼンを借りることができる。

めまぐるしく変化する天候も、変化した時のコンディションも厳しい。少なくとも、防水対策は必須だ。ランニングウェアの上に羽織ることができる防水ジャケット、防水パンツを用意しよう。防水性のある手袋や靴下もあると便利だ。せっかくの防水グッズが濡れてしまっては元も子もないので、ドライバッグに詰めておくといい。

ルート上の山小屋を利用するのであれば、快適な夜を過ごすことができるよう、乾いた着替えがあるといい。キャンプをするならなおさらだ。山小屋は 2 食付きで、毎朝、出発前に昼食を買っておくこともできる。道中の小川は飲むことができるが、念のため、浄水器があると心強い。

最後に、小バエと蚊のことを覚えておこう。凍えるほどではない季節（一般的には 6 〜 9 月）にこのトレイルに挑戦する場合、間違いなくこの不快な虫に遭遇する。頭からかぶることができるネットがあると、快適に走ることができそうだ。

おおよその距離	105km	最高標高	1,150m ケブネカイセ：2,015m	気候	北極圏：変わりやすい	地形	ヒースランド /湿地帯 / 岩場
おおよその獲得標高	3,200m	お勧めの季節	6 〜 9 月	挑戦レベル	初級	注意点	小バエ / 蚊

THE Kungsleden
クングスレーデン

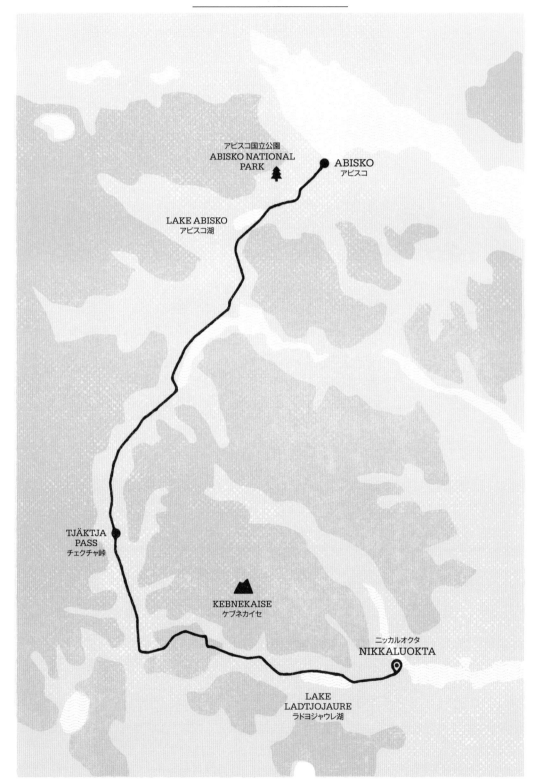

CARVING A PATH THROUGH THE SWEDISH WILDERNESS

THE LAKE DISTRICT

イングランド
湖水地方

| 08 | ENGLAND: EUROPE |

The Lake District —— England　イングランド　湖水地方

LANDSCAPE & LANGUAGE YOU WON'T FIND ANYWHERE ELSE

ここにしかない風景と言葉

RICKY LIGHTFOOT　リッキー・ライトフット

氷河の山と湖、緑の渓谷を背景にした絶景。
イングランドで最も貴重なトレイルを紹介しよう。

　イングランド湖水地方では、時間がゆっくりと流れている。畑の境界線には石壁が並び、農家は犬と一緒に羊の群れを飼いならす。独特の言葉づかいは、過ぎ去った時代を彷彿とさせる。幹線道路を離れた瞬間から、緑の渓谷や長い氷河湖、ごつごつとした山々に出会い、この地域の荒々しさと歴史の深みに引き込まれていく。

　湖水地方は、イングランド北西部に位置する国立公園で、面積は 2,500 km² 以上、その中に 200 以上のフェル（この地域では山頂をこう呼ぶ）が存在する。息をのむような美しい景色は、スレート、石灰岩、砂岩など、数百万年かけて形成された独特の地質がもたらしたものだ。

　この地域の人たちにランニングを語らせると、湖水地方独特の言葉に深く影響されているから面白い。まず第一に、ここで行われているスポーツは「フェルランニング」と呼ばれている。1800 年代半ばから開催されるようになったフェルレースでは、もともとあるトレイルや決められたルートを走らない。フェルレースは規模が小さく、申し込みは当日でも OK で、距離も 10km 以内の短いものが多い。もっと長距離に挑戦したい場合は、ボブ・グラハム・ラウンドがお勧めだ。これは、ケズウィックをスタート・ゴールとして、42 のピークを 24 時間以内に走破するものだ。このチャレンジはゲストハウスのオーナーであるボブ・グラハムが 1932 年に始めたもので、約 106km の距離を走り、獲得標高 8,200m を行くコースとなっている。

← ホニスター近郊にあるイギリス最後の現役スレート鉱山。壮大なヘイスタックスが遠くに見える。

人口5,000人強のケズウィックには、宿泊施設や食堂がたくさんある。その日の疲れを癒すのにぴったりのパブも多い。

湖水地方北西部の観光には、バターミア・ホースシューのルートを辿るのがお勧めだ。距離も約23kmとお手軽で、人気ルートとなっている。ケズウィックからバターミアの村まで車で行くか、ホニスター・ランブラーというバスを利用するといい。

ブリッジ・ホテルからフィッシュ・インに向かって村を通る道を進み、左手の馬道を辿ってバターミアの岸辺に向かう。水辺に近づいたら、サワーミルク・ギル（ギルはカンブリア語で川や小川の意味）を越え、バーントネスの森を横切る道を進み、ブリーベリー・ターンに向かう。ターン（小さな山間の湖）からレッド・パイクの頂上までは、急勾配で足元が悪いが、その先には息を飲むようなエナーデール渓谷の景色が待っている。谷のさらに先へ行けば、晴れた日にはイングランド最高峰の標高978mのスカフェル・パイクを望むことができる。

レッド・パイクから左折し、ハイスタイルに向かって南東に向かう。ここは走るには厳しい場所で、悪天候の場合はむき出しの地面が待っている。ハイスタイルからの尾根はハイクラッグまで続き、短いガレ場区間を経てスカース・ギャップを通る舗装路へ、そしてヘイスタックスの頂上への急な上りへと続く。ここには、地元では「名もなき湖」として知られるイノミネート・ターンがある。

ヘイスタックスから下る道は、イノミネート・ターンとブラックベック・ターンを通り、かつて盛んに鉱山採掘が行われた地域へと続いていく。北

↑ フリートウィズ・パイクへのトレイルを行く筆者、リッキー・ライトフット。視界の先にはバターミアが見えてくる。
← 明るい草原と淡い雲のコントラストの中、バターミアに注ぐワーンスケール・ベック。

　東に向かうと、鉱業時代からの遺産を2つほど通り過ぎる。18世紀に鉱夫用に建てられたウォーンスケール・ボシィとダブス・ハットは、現在は誰でも宿泊可能（詳しくはマウンテンボシィ協会のウェブサイトを参照）。ただし、快適な設備はないのでご注意を。

　ここから、コースはホニスター峠の駐車場まで下る。ユースホステルとカフェがあり、次のデールヘッドへの大きな上りに備えて、お茶を飲んで休憩するのに良い場所だ。ホニスター峠からは、北西に向かうフェンスに沿って進もう。デールヘッドへの上りは、急勾配で草地が多く、疲れた足に負荷がかかる。この地点から、ランナーはボブ・グラハム・ラウンドの一部を辿ることになる。頂上ケルンからの眺めは印象的で、頑張ったご褒美となる。左側の小さな道はロビンソンに向かうごつごつした尾根へと続き、ここを数百メートル進むと、右側の道がハインズカースの山頂に繋がる。遠回りする価値は十分にある。ハインズカースを下りたら、元来た道を北へ、馬蹄形の最後の山頂であるロビンソンへ向かおう。

　ロビンソンへは、草地のフェンス沿いを進み、頂上まで約200mを上る。急な道を左へと下ると、最初は岩がゴロゴロしているが、やがてハイ・スノックリグと呼ばれる草原の台地に出る。よく鹿たちが草を食べている場所だ。ここからは道なりにバターミアに戻るだけとなる。

　湖水地方の冒険2日目のスタートとゴールは、ブレイスウェイト村だ。距離は約19km、1,700mの上り。人気のフェルレース、コールデール・

↑ 息をのむような景観は、何百万年もかけて形成された地質の賜物だ。

→ バターミアは完璧なる鏡のような反射で有名。
↓ 走ることだけがすべてではない。湖水地方は立ち止まって景色を眺める場所なのだ。

ホースシューの延長版となる。ウィンラッター峠のふもとにある駐車場からスタートし、グリズデール・パイクに向かって上る道を進む。3.2km のこのコースは、ところどころ急な上りがあり、平坦な部分と急な上りの間に3つの「棚」がある。3つ目の棚に到達すると、標高791mのピラミッド型の山頂が現れる。グリズデール・パイクが湖水地方のマッターホルンと呼ばれる所以だ。

頂上には、南にスキドーやラングデール、北にスコットランド南部、西にマン島の沖合までを見渡す、素晴らしい眺めが広がっている。

グリズデール・パイクからは、ホープギル・ヘッドに向かって南西に進もう。遠くには黒々とした峰々が連なっている。ホープギル・ヘッドの山頂に近づくと、北側にはホインラッターの森が広がる。右へ急降下するこの道は、ランナーたちの肝を冷やすだろう。ホープギル・ヘッドの頂上からはサンドヒルに向かって左折し、標高852mのグラスムーアの頂上へ向かう。ここでは石が風から守ってくれ、山頂から3つの巨大な湖（北にローエスウォーター、中央にクラムモックウォーター、南にバターミア）の素晴らしい景色を眺めるのに絶好の場所だ。

わかりやすい道をクラッグヒルへと向かい、ケルンの右側を進んでスカーと呼ばれる急勾配を下り、次の山頂セイルに向かう。

セイルからの下りには、15ものスイッチバックがある。小さな峠を通り、スカー・クラッグスの頂上まで上り、そこからコーシー・パイクまで尾根道が続く。コーシー・パイクから下ると、バローまでは四駆トラックも通る簡単な道を走る。そこから草地の斜面を3.2km下れば、ブレイスウェイト、そしてロイヤル・オーク・パブに戻ることができる。

湖水地方の3日目は、サールミア村のすぐ南にあるスワールズ駐車場からスタートする。ロリポップ［棒つきの飴］のような形のルートで、ヘルヴェリンまでの道を上り、ストライディング・エッジを周回し、最後にヘルヴェリンから下るルートを辿る。まず小さな木の橋でベック（小川）を渡り、ブラウンコーヴ・クラッグスの左横をヘルヴェリン・ギルに沿って進む。結構な上りの後、標高950mのヘルヴェリン山頂に到着する。

1805年に落下死した登山家チャールズ・ゴウの記念碑を過ぎ、北東に向かう。ルートはストライディング・エッジに沿い、レッド・ターンを左下に見ながら進む。ターンに向けての急降下は悪名高く、ストライディング・エッジには、足だけでなく手も使った方が良い箇所がある。

ストライディング・エッジの終点では、道はそれほど危険ではなくなる。十字路に出たら、キャッツタイ・カムまで直進するルートを取ろう。200mほど上ることになるが、ウルズウォーターを見下ろすことができるので、頑張って上る価値はある。キャッツタイ・カムからは、南西にあるスウィラル・エッジへの道を進もう。この道は本当に荒れているので、注意が必要だ。スウィラル・エッジをヘルヴェリンの山頂まで戻ると、スワールズ駐車場まで下る道に再びつながる。

← (左上) バターミアの上空に差し込む陽光。
← (左) ホニスターに向かうトレイルにて。
↑ バターミアの横で穏やかな朝を楽しむリッキー。

　今回紹介したルートを走ったランナーが感じるのは、湖水地方の非日常的な美しさと孤独感ではないだろうか。それは、ここが私の最も落ち着く場所である理由でもある。エリートトレイルランナー、そしてマウンテンランナーとして世界中を走る機会があっても、私はいつも湖水地方北西部の山々に惹かれる。この地の歴史や、ここを走ることの体力的な難しさはもちろん、まだ誰も走ったことのないラインを選び、遠くの丘の上に向かうことが、他の何にも変え難い喜びなのだ。

MEET THE GUIDE 案内人 RICKY LIGHTFOOT リッキー・ライトフット

リッキー・ライトフットは、湖水地方で生まれ育ち、学校の先生に刺激を受けて走るようになった山岳アスリート。国際的なアスリートとして、数々のフェルレース、トレイルレース、世界選手権で優勝している。消防士としてフルタイムで働き、ランニング以外の時間は家族と過ごしている。リッキーはこれからも湖水地方を故郷と呼び、この地を特別な場所にしている歴史と人物に魅了され続けるだろう。

訪れる際に覚えておきたいこと

湖水地方は、イギリスでも人気のあるアウトドア観光地のひとつだが、その地形の荒さと天候の厳しさを軽視してはならない。湖水地方を訪れる人の95％は、車から400ｍしか歩かないと言われている。統計どおりなら山にはほとんど人がいないので、ランナーとしては嬉しいかもしれないが、このことはむしろ慎重に受け止めたい。湖は町から遠く離れているため、少なくとも防水ジャケットとズボン、長袖の上着、ホイルブランケットや軽量ビバークバッグ（寝袋やフロアマットを外気から守る防水アウター）を用意しよう。小さな救急箱と携帯電話のフル充電も忘れないようにしたい。

よく整備された道や案内板もあるが、それは例外であり、多くはそうではない。地図とコンパス（使い方を知っているもの）、十分な水が必要だ。湖水地方には丘陵農業の伝統があるので、家畜に関する案内や指示には敬意を払おう。そして、いつものように、足跡以外の痕跡を残さないようにしたい。

おおよその距離	52km	最高標高	950m	気候	海洋性：温かい冬／涼しい夏〔17-18℃〕	地形	草原／岩場
おおよその獲得標高	4,000m	お勧めの季節	1年中	挑戦レベル	上級	注意点	急落に注意

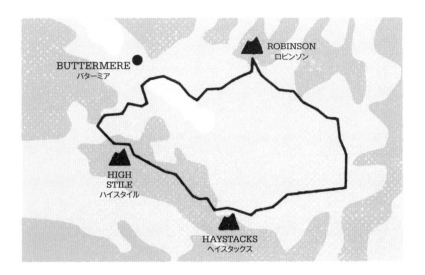

バターミア・
ホースシュー
Buttermere
Horseshoe

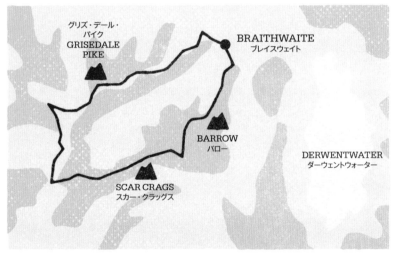

コールデール・
ホースシュー
Coledale
Horseshoe

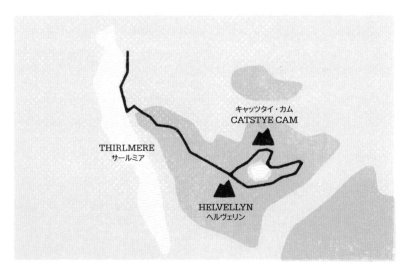

ヘルヴェリン
Helvellyn

JURA
スイス ジュラ

09 | SWITZERLAND: EUROPE

Jura — Switzerland　スイス　ジュラ

THE PERFECT INTRODUCTION TO THE SWISS TRAILS

スイスのトレイル入門に最適

JULIE FREEMAN　ジュリー・フリーマン

ジュラ山脈はアルプス山脈ほど有名ではないが、
勝るとも劣らない魅力がある。
澄んだ空気、息を呑むような景色、
そして果てしないトレイルが広がっている。

森に覆われた２つの丘の中腹に、柔らかな１本道のトレイルが曲がりくねって続く。その道を行くと、かつて隆盛を誇った時計産業の騒音が、繊細な田舎の音と緩やかに入れ替わっていく。牛の鳴き声、時折聞こえるトラクターの音、風にのって鳴く大きな鳥たち、松林を抜けていくそよ風のため息。ほぼ何もない感覚。ほぼ完全な静寂。わずか45分で、自称「時計製造の大都市」ラ・ショー・ド・フォンは、ジュラ山脈の素朴な美しさに取って代わられる。丘を上りきれば、町の喧騒は背景に消えていく。この上り坂は、急すぎず、テクニカルすぎない。脚を起こすのに十分で、走り始めにぴったりのコースだ。

奥ゆかしいジュラ山脈は、バーゼルからジュネーブ、さらにフランスまで300kmを超えて続き、100km南の位置にあるアルプス山脈と平行して延びている。北端にはドゥブス川が流れ、それがフランスとの国境になっている。山脈の南端600m下にはビエンヌ湖とヌーシャテル湖がある。湖の上、はるか彼方に広がるのが、ジュラの真に壮大な尾根だ。ジュラ山脈の姉であるアルプス山脈の堂々とした白銀の峰々を、ありえないほど広く、途切れることなく見渡すことができる。

← 前景にクルー・デュ・ヴァン、遠景にアルプス（と壮大なモンブラン）

ジュラを見過ごしてしまう山岳愛好家は多い。アルプス山脈に近く、比較的地味な存在だからだろうか。ところがこの山脈は、(ギザギザの峰が空に向かってのびているアルプスが時折あまりに過酷なチャレンジを強いるのと違って) あらゆるレベルのトレイルランナーにとって理想的だ。ジュラは少し「やさしい」。人がおおらかで、トレイルはアルプスの多くの地域よりも足元が楽で、天候もそれほど極端ではない。空気は澄んでさわやかで、景色は息をのむほど美しく、トレイルは果てしなく続いている。

スイス側の標高 1,000m に位置するラ・ショー・ド・フォンは、標高に慣れるのにぴったりの小さな町だ。ここを起点に、町を 10km ほど周遊したり、近くのシャセラル山など、いくつもの絶景を訪ねたり、さらに列車でフランシュ・モンターニュの高原を探検したりと、日帰りで出かける先は数え切れないほどある。

ジュラ山脈は、やさしい環境でトレイルランニングを始めたい人にとって理想的な遊び場なのだ。適度な標高 (900 〜 1,600m) があり、携帯電話も途切れることはなく、道中にはいくつもの飲食の選択肢があり、10 〜 15km ごとに宿泊施設が豊富にある。メイントレイルであるシュマン・ディ・クレは、初級から上級者まで、あらゆるレベルのトレイルランナーに完璧なファストパッキング・アドベンチャーを提供してくれる。

シュマン・ディ・クレはスイスで最も古いハイキングコースだ。チューリッヒからジュネーブまで 320km ものトレイルには、1905 年に案内板が

↓ クレ・デュ・ジュラ沿いの道中、クルー・デュ・ヴァンの高い崖をゆっくり眺めよう。
→ クルー・デュ・ヴァンにて、壮大な霧の日の出。アイベックスに注意。

設置された。ラ・ショー・ド・フォンからヴィテブーフまでの90kmは、所要時間3日間の素晴らしいコースだ。獲得標高は3,500mで、岩場がいくつかあるのと、1本道の急な下りがいくつかある他は、テクニカルな難所もほとんどない。頂上に立てば、トレイルがはっきりと見える。途中で列車に乗るという選択肢もある。

　そんな90kmのコースは、素晴らしいサーニュ渓谷にあるラ・コルバティエール方面へ徒歩で上るところから始まり、花崗岩の塔が連なるアントル・ロッシュを抜けて右へ、そして左へと続く谷を進み、テット・ド・ランへと向かう。1時間も歩けば山の背後に着き、角を曲がると、人の想像をはるかに超える、魔法のようなパノラマを垣間見ることができる。足元には湖、遠方にはアルプス。そして、険しく短いヤギ道が山頂まで続いている。

　テット・ド・ランからは尾根伝いにアルプスを左に見ながら進む。このまま進めばやがてジュネーブに至るが、この冒険の次の目印は（旅で2番目に高い）標高1,439mのラシーヌ山だ。上り始めると、右手にはフランス

とそのなだらかな丘陵地帯、ヴォージュの森の青いライン、さらに隣国ドイツの黒い森が見える。左手のはるか奥にはモンブランの丸い頂上もある。トレイルは柔らかい草地と岩場が交互に現れるので、壮大なパノラマに気をとられて、つまづかないように注意。また、素晴らしい眺望は下りで消えてしまうので、軽食休憩をするのに最高のスポットはモン・ラシーヌだ。ラ・グランド・サニュールでゆっくりと昼食をとるのもいい。13kmで1日を切り上げたいなら、ここにも宿泊施設がある。さらに坂を下れば、モン・モランまで4km、ノワーエーグまで13kmだ。

　2日目は、ノワーエーグから5kmの険しい1本道、サンティエ・デ・クワトルズ・コントゥール（「14本のスイッチバックの道」）を辿ることから始まる。トレイルが頂上で平坦になり、木が突然なくなったと思ったら、高さ150mの垂直の壁の淵に立っている自分に気づく。自然の円形劇場のような形をした1,400mの壁に沿って反対側の険しい側まで行こう。これがクルー・デュ・ヴァンである。素晴らしいアルプスを再び見渡すことができるので、ここで昼食を取るのもいいし、オーベルジュ・デュ・ソリアットで宿まるのもいい。

　クルー・デュ・ヴァンから20kmほど進むと、尾根道はこの旅で最高標高となるル・シャセロン（1,607m）に達する。ここで食事や睡眠をとるこ

ともできるし、さらに3.5km下り、魅力的なシャレースタイルの宿泊施設がある小さなスキーリゾート、レ・ラスまで行くのもいい。ル・コシェ山を経由する5kmのコースを走り、ブヴェット・デ・アヴァットやブヴェット・デュ・ソリエで冷たい物を飲んでから、標高1,000mのサント・クロワまで下るのもいい。

　サント・クロワから12kmの周回コースは、絵のように美しいラ・サーニュの村から森のトレイルへと入り、緑の牧草地を抜けて森に戻り、エギュイユ・ド・ボルムを目指そう。岩だらけの山頂からは、左手にヌーシャテル湖、右手にモンブランのパノラマが広がる。モンブランに誘われるが、背を向けて北東へ。歯のような尾根をさらに1時間ほど進むと、森の中をサント・クロワ方面に戻る下りが始まる。サント・クロワからは列車に乗るか、アルノン川沿いの壮大なコバタンナーズ渓谷を4.5km駆け下り、90kmの冒険の終着点であるヴィテブーフまで下っていく。

　尾根に沿って走ると、素晴らしい湖も垣間見ることができる。サント・クロワからラ・ショー・ド・フォンに戻る列車は、中世の町イヴェルドンを経由する。そこで停車してヌーシャテル湖に足を浸すのもいい。

← ジュラ山脈には起伏があるが、テクニカルではない。複数日にわたるトレイルランニングの入門コースにぴったりだ。

↓ 尾根からはヌーシャテル湖、ビエンヌ湖、ムルテン湖が足元に見え、遠くにはジュネーブ湖が見える。
→ 日差しを遮ってくれる松林。

THE PERFECT INTRODUCTION TO THE SWISS TRAILS

JURA — SWITZERLAND

　私はジュラ山脈のふもとで生まれ育ったが、トレイルランニングを始めるまで、皆が見過ごしがちなこの山々の素晴らしさを本当の意味では理解していなかった。大都市でのロードランニングを卒業して、大陸の険しい場所でのウルトラマラソンを始めたことで、若い頃には気づかなかったことを突然理解できるようになった。ジュラは、レースにはもちろん、日々のトレーニングをしたり、ただ自然に出会いに行くのにも素晴らしい場所なのだ。山脈としてはアルプスほど堂々としていないかもしれないが、魅力にあふれている。トレイルランナーの目を通して、子どものころのハイキングをまったく違った視点で思い出しながら山脈を横切る静かなトレイルを探検するのが、今、この上ない幸せだ。そしてもちろん、アルプスの眺めは素晴らしくて、いつも自分が「本物の」山々とつながっている気持ちになることができる。

↑ 最初の山頂、テット・ド・ランからの眺め。遠くにアルプスの山々が見える。
← 5月の晴れた朝、登山者の少ない地元のトレイルを満喫するガイドのジュリー・フリーマン。
→ 北側はフランス、ドイツまで見渡せる。

THE PERFECT INTRODUCTION TO THE SWISS TRAILS

MEET THE GUIDE 案内人 | JULIE FREEMAN ジュリー・フリーマン

スイスの田舎町、静かなジュラ山脈の麓で生まれ育ったジュリー・フリーマンは、家族の中でトレイルを走るのは自分だけだと思っていたが、最近、母方の祖母が長距離ハイカーであることを知った。祖母が60代で3度完走した50kmの地元レースのメダルを発掘したのだ。ロンドンでの15年間を経て母国に戻ったジュリーは、地元の山を再発見した。お気に入りのレースは、UTMBのコースの一部を走るシャ

モニー近郊の68kmのイベント、ラ・モンタナール。ミアージュのエイドステーションで豪華なビュッフェを楽しむことができるレースで、ジュリーが中盤、チキンヌードルスープができるまで20分も待ったのは有名な話。
ジュリーは元ウェブ開発者であり、『Like the Wind』誌の共同設立者であり、アートディレクターでもある。

訪れる際に覚えておきたいこと

この標高では、4月下旬まで雪が残っていることがある。そのため、このルートを走るのに最適な季節は5月中旬から9月上旬。週末（特に7月）にはトレイルが混み合うが、大混雑はない。

スイスでは、歩道は黄色いひし形の案内板で明確に示されている。木や石に書かれていることも多い。黄色い矢印の案内板は目的地を示しているか、歩行時間を示すこともある。

今回紹介した90kmのルートは自由度が高い。3日間ではなく、5日間かけてトレイルを辿り、あらゆる景色を楽しむのもいいし、2日間で激しいトレーニングを目指すこともできる（高山レースの初期準備に最適だ）。

オーベルジュに宿泊するのは、トレイルをゆっくりと歩いて楽しむための素晴らしい方法だ。豪華ではないが、それを補って余りある温かいもてなしとボリュームがある。翌日のためにサンドイッチを買うこともできる。ただし、ベジタリアンやビーガン向けのメニューは限られているため、事前に計画するか電話をしておくといい。ほとんどの山小屋では、寝袋だけ持参すれば、羽毛布団や毛布が用意されている。タオルを用意してくれる宿もあるが、田舎ではマイクロファイバーなど軽くて小さなタオルを用意するのが賢明。事前に宿泊施設を予約しておけば、前払いでシャワーやタオル、寝袋のシーツについて問い合わせることができる。

おおよその距離	90km	最高標高	1,607m	気候	高山性：夏に15-28℃	地形	柔らかい/草原/岩場	
おおよその獲得標高	4,000m	お勧めの季節	5〜10月	挑戦レベル	初級	注意点	雪/時どき急な下り坂	

Chemin des Crêtes
シュマン・デ・クレ

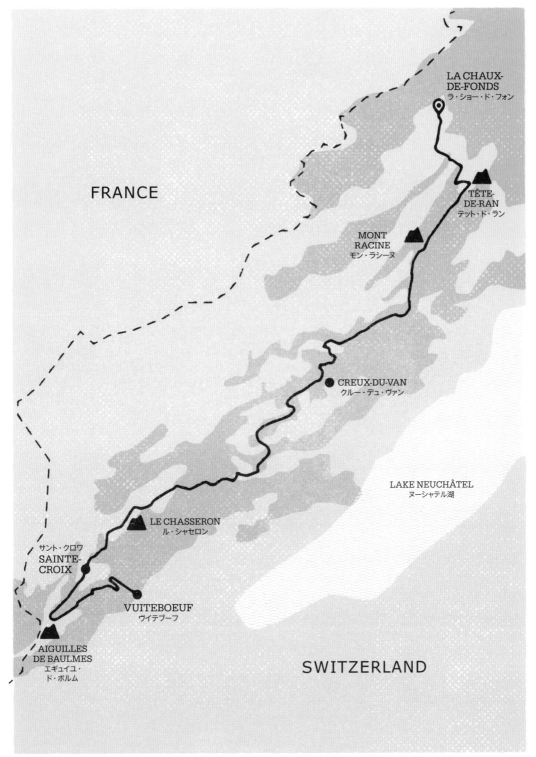

British Columbia —— Canada カナダ　ブリティッシュ・コロンビア

UNLIMITED EXPLORATION FROM VANCOUVER

バンクーバーで広がる
無限の探求心

HILARY MATHESON　ヒラリー・マセソン

ブリティッシュ・コロンビア州には、
手つかずでテクニカルなトレイルだらけの広大な世界がある。
多彩な野生動物たちがこの広い原野を住処としている。

ブリティッシュ・コロンビアは、そしてカナダは、広い。

本当に大きい。世界第2位の国土を持つのがカナダなのだ。その大きさはもう、どうしようもない。参考に書くと、ブリティッシュ・コロンビア州（BC州）はイギリス全体を軽く凌駕している。面積はイギリスの40倍で、人口はイギリスの13分の1。走るトレイルや美しい山頂には事欠かないし、その上、自分の他に人影はほとんどない。

バンクーバーのダウンタウン、近代的な街並みからほんの1時間も行けば、何もないテクニカルなトレイルが続く荒野があり、そこには驚くべき動物たちが生息している。クマ、ハクトウワシ、ボブキャット、オオヤマネコなどと、ランニング中に遭遇するかもしれない。人間よりもクマに出会う確率の方がはるかに高いという事実に、最初は気が重くなるかもしれない。しかし、この土地の魅力は、ここに生息する生物との共生関係あってこそのものだ。

BC州は、その大きさゆえに注目を集めている。この野生の王国でトレイルランナーを目指すには、自分でなんでもやり抜く準備を怠らないことが必要だ。ここでトレイルランニングを続ければ、テクニカルな地形を克服するために多くのスキルが身につき、より熟達した山岳アスリートになれるだろう。

文明から遠く離れて冒険をする必要もない。ノースショア山脈の一部であるシーモア山は、北バンクーバーに堂々とした背景を作っている。人気のレクリエーション山脈の三連山のひとつで、市内から公共交通機関を利用してすぐに行ける。都会での仕事の終わりにコンクリートジャングルか

→ トレイルの数は多く、他のランナーに出会うことはめったにない。

↑ 頂上到着を日の出や日没の時間に合わせて走れば、素晴らしい景色が待っている。

ら脱け出して、一面に広がる夕日を眺めることができるのだ。

　山を蛇行しながら上るマウンテンバイク用のトレイルが無数にあり、自分専用の冒険ルートを選ぶことができるが、絶景を目指したかったら真っ直ぐに頂上を目指そう。冬のリゾート用駐車場は、夏のトレイルを愛する人たちの登山口にもなっていて、そこからすべての（モーターを使わない）道が上り坂へと続いている。冬眠中のリフトの下をくぐり、夏の野の花に覆われた斜面を通り過ぎた辺りで、分かれ道となる。遠回りして、木々が生い茂る風景を映す隠れ湖をいくつか拝み、太平洋岸北西部らしい穏やかな美しさを楽しむのも一案だが、日中の太陽がお好みでなく、夕日を追い求めたければ、まっすぐ頂上を目指せばいい。3つの山頂からは見晴らしがよく、晴れた日には米国ワシントン州のベーカー山まで見渡せる。夏には丘の斜面に虫やクマが出没するため、町から近い目的地であってもきちんとバックカントリー用の装備を用意しよう。アクセスしやすい冒険であっても、野生王国に対する健全な敬意と準備が必要であることに変わりはない。

　少し大掛かりな1日を過ごしたいなら、スコーミッシュへの旅は欠かせない。バンクーバーからシー・トゥ・スカイ（海から空）ハイウェイを

走るドライブは、世界で最も美しい道とも言われ、しかもその道は「カナダのアウトドア・レクリエーションの首都」へとつながっている。スコーミッシュには、ターコイズブルーの氷河でできた湖がたくさんある。中でも最も美しい湖のひとつがウォータースプライト湖だ。四輪駆動車が必要な林道を通って登山口に着くと、トレイルは巨石の広場や景色の良い牧草地の中を心地よく蛇行していく。西の方角を眺めながら少しずつ上っていくと、スコーミッシュに隣接するハウ湾の素晴らしい眺めが待っている。短いながらもパンチの効いた急勾配を上りきると、ターコイズブルーに輝く湖が現れ、堂々たるウォータースプライト山がその姿を見守っている。湖が別世界のような色をしているのは、氷河期の沈泥が冷たい水中で渦を巻き、日の光を反射しているからだ。この18kmの往復ルートのベストシーズンは、高山植物の花々がまだ残り、野生のブルーベリーに覆われている夏の半ばから終わりにかけてだろう。

　高山へのアクセスに関しては、BC州特有の眺望を楽しむためにかなり努力が必要だ。多くの高山の稜線に出るには、急なトレイルを少なくとも数時間はジグザグに上らなければならないが、高所へのアクセスが若干早くなる（「コスパ」がよくなる）隠れた名所もいくつかある。バンクーバーから東へ約2時間、コキハラ・ハイウェイ沿いにあるニードル・ピークはそんな場所のひとつだ。ただ、往復の距離が13kmと比較的短いことに騙されては痛い目にあう。挑戦的なこのルートは、登山口から急勾配を上り、1時間足らずで亜高山の独特な生態系に突入するのだ。

↓ 作家で写真家のヒラリー・マシソンと、彼女の遊び場。

↑ ウォータースプライト湖の素晴らしい色は、氷河の沈泥が太陽光を反射したもの。

上るにつれて、急速に地形が変化する。カナダ特有の青々とした森林から一変し、厳しい風や天候をものともしない、低木が生い茂る亜高山帯の景色が現れる。そしてついにトレイルは森林限界を超え、山全体を見渡すことができる頂上にたどり着く。自然が生み出した鞍部の揺りかごのようなこの場所から進む道の選択肢は無限にある。ニードル・ピークを囲む美しい花崗岩や近隣の見晴らしの良い場所を探索するも良し、疲れた旅行者を誘う澄んだ高山の湖でひと泳ぎするも良し、さらに険しい頂上までよじ上ることもできる（短いがゴツゴツした岩場がむき出しの箇所がいくつかある。簡単な上りだが、道案内は、かなり見つけにくいケルンの他にない）。ドラマチックで風の強い山頂に立つと、晴れた日には、国境を越えてカスケード山脈がアメリカ側へと広がる壮大な眺めが広がっている。5〜6月を選んでニードル・ピークを上れば、まだ十分な雪が残っていて、下山時には滑降を楽しむ事もできる。

　もっと長い冒険がしたい人には、BC州で最も有名なクロスカントリーのルート、ウェストコースト・トレイルがお勧めだ。バンクーバー沖のバンクーバー島にあるパシフィック・リム国立公園内にある全長75kmのトレイルで、5〜7日間のバックパッキング旅行として人気があるが、数日間のファストハイクで完走することもできる。トレイル沿いに美しいビーチキャンプ場がいくつもあり、地形もユニーク。ケーブルカーで横断したり、吊り橋を渡ったり、とにかくたくさんの梯子を上ったり。緑豊かで手つかずの自然が残るこの地域には、多種多様な野生生物や海洋生物が生息している。

　さらにスケールの大きなサンシャインコースト・トレイルもいい。全長180kmで、カナダ最長のマルチデイ・トレイルだ。苔むして活気に満ち

→（右上）木造の小さな小屋。BC州の開けた風景の中では珍しい。
→（右下）ニードル・ピークに上る途中、カナダらしい青々とした森。
↓ 一部のトレイルでは、本格的な試行錯誤が必要。

UNLIMITED EXPLORATION FROM VANCOUVER

↑ ランの途中の展望ポイント。広大なノースショア山脈を眺める。

た1本道には素晴らしい原生林が広がり、滝があり、セイリッシュ海が広がっている。絵のように美しい山小屋は、先着順で無料にて利用可能だ。

　私はずっとブリティッシュ・コロンビアに住んでいる。ウルトラランナーとして、またプロのアウトドア写真家としても、この巨大な州の山脈を横断するのに数え切れないほどの時間を費やしてきた。それでも、いまだにこの州のほんの一部しか探検していないような気がする。「バッキング・ヘル」という名のウルトラレースに参加してシーモア山の頂上まで駆け上がり、海まで戻ってきたこともあるし、家族経営されているスキー場でバックカントリースキーを覚えた。いちばん記憶に残っているファストハイク体験（そして人生最悪の擦り傷のいくつか）は、過酷なサンシャインコースト・トレイルでのことだった。

　仕事と遊びで世界中を旅してきたけれど、この土地の手つかずの壮大さにはいまだに圧倒されるし、ここを故郷と呼べることを誇りに思う。BC州のように広大で、手つかずの遊び場がたくさんある土地に住んでいると、何度も自分に問うことが2つある。ひとつは、この美しい土地を味わい尽くすのに、私はどれだけの時間を使えるだろうか、ということ。そして2つ目（いちばん大事なこと）は、その冒険のエネルギーになるチョコレートとチーズは、どれだけあれば足りるのか、ということだ。

↑ カスケード山脈を走ると、夏の天気の中に冬の名残が残る風景によく出会う。
↓ シーモア山はバンクーバーからすぐ近く。コンクリート・ジャングルからすぐに脱出できる。

MEET THE GUIDE 案内人 | HILARY MATHESON ヒラリー・マセソン

ヒラリー・マセソンはブリティッシュ・コロンビア州（BC州）のサンシャインコーストを拠点に、アウトドア写真家、グラフィックデザイナー、映像作家として活動し、数々の受賞歴を持つ。ウルトラランナーであり、山岳アスリートでもある彼女は、重いカメラや機材を持ち運びながら、世界の僻地で長距離を走るための持久力トレーニングを欠かさない。
BC州の小さな農場で育ち、アウトドアでの暮らしにはいつも感謝してきたが、山への情熱が高まると共に、故郷である美しい国への愛情も増している。冒険プロジェクトで世界中を旅する中で、人に感動を与えるのは素晴らしい場所だけではないことに気がついた。人が感動し、刺激を受けるのは、その場所に暮らす人々なのだ。人間が生きる道にこそ、誰もが共感できる。ヒラリーはそんな気づきから、人の物語、葛藤、勝利について、作品を通して視覚的に伝えようと努めている。

訪れる際に覚えておきたいこと

都市部を離れると携帯電話がほとんど通じないため、緊急時に屋外で夜を明かすことになった場合に備えて、十分な装備を用意しておこう。足首の捻挫など不測の事態が、簡単だったはずの日帰りトレイルランを屋外泊の旅に変えてしまうこともある。ランナーのスキルが上がり、バックカントリーのさらに奥深くへと足を踏み入れるようになると、さらに遠くへ行きたくなり、氷河を行くスキルやアブセイリング（懸垂下降）を身につけるようになる人もいるだろう。野外泊の旅では、野生動物との遭遇もある。クマよけスプレーや水のフィルターは必携品で、食料を安全に保管できるクマ用キャニスターの持参も考えておこう。夜間の訪問者に襲われないよう、食糧は近くの木の上に隠す工夫も必要になるかもしれない。美味しいブルーベリーを味わうなら、とりすぎに注意。クマのエチケットを守るようにしよう。あなたがクマを脅かさなければ、クマもあなたを脅かさない。口うるさいようだが、価値ある経験は、簡単に手に入らないものだ。

怖がらせようとして書いているわけではない。実際には、動物との出会いがマイナスになる旅はほとんどない。バックカントリーでの冒険がうまくいかない直接的な原因は、パッキングの不備や悪天候だ。しかし、特にBC州での冒険のスケールを理解するためには、土地を理解し、敬意を払わなければならない。

冒険の途中で補給のために文明に出会える機会はほとんどないため、旅が長くなるほど、必要なギアの量は指数関数的に増加することにも留意しておこう。また、高い山（たとえばニードル・ピーク）ほど、山の天候は急激に変化する。青空の下であっても、雪のスコールに備えて緊急用具を準備しておく価値はある。

おおよその距離	106km	最高標高	2,095m	気候	変わりやすい／夏でも10度以下になる	地形	森／紅葉／牧草地／岩場
おおよその獲得標高	3,500m	お勧めの季節	5〜9月	挑戦レベル	エキスパート	注意点	電話がつながりにくい／変わりやすい天候／クマ／残雪

Needle peak trail
ニードル・ピーク・トレイル

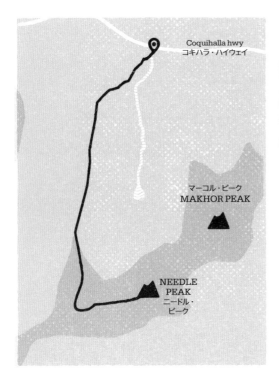

Watersprite Lake
ウォータースプライト湖

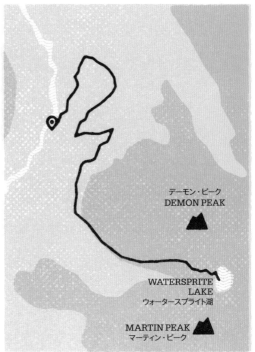

West coast trail
ウェストコースト・トレイル

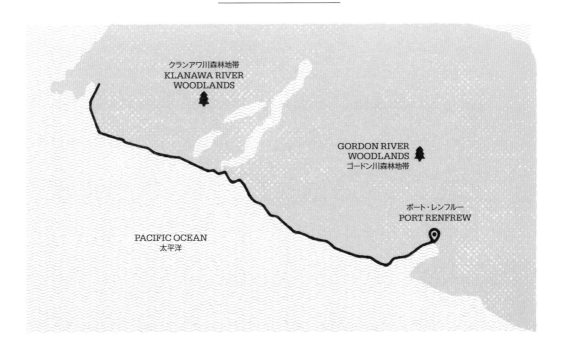

THE WHITE MOUNTAINS

アメリカ
ホワイトマウンテン

11 | USA: NORTH AMERICA

The White Mountains —— USA　アメリカ　ホワイトマウンテン

PICTURESQUE PRESIDENTIALS & PEMI

絵のように美しい
プレジデンシャルとペミ

STEFANIE BISHOP　ステファニー・ビショップ

アメリカの歴史を思い起こさせる名前に囲まれた
ペミゲワセットとプレジデンシャル山脈には、
テクニカル、かつ風景が素晴らしいトレイルの数々だ。

　　ホワイトマウンテンは、地図上の標高は決して高くない。ところがその山頂は、眼下の谷からは高くそびえ立っている。いくつもの自然保護区域を通る 2,000km 以上のトレイルには案内板もあり、晴れた日の山頂からは、210km 先まで見渡すことができる。体力的には挑戦を突きつけられる地形で、スイッチバックはめったにない。大きな岩や木の根を越える険しいトレイルを行くランナーは、全身の力を使うことになる。厳しい天候で知られ、特に冬は簡単なトレイルでさえ難易度が増す。過酷に感じられるかもしれないが、この常に変化し続ける風景の中で、ホワイトマウンテンの真髄ともいえる頂上をぜひ 1 度訪れてほしい。きっと魂が鼓舞され、もっと先へ、もっと向こうへと導かれるようになるはずだ。

　　ホワイトマウンテンは、カナダのモントリオールから南へ約 320km、ニューハンプシャー州にあり、そのほとんどがホワイトマウンテン国有林、州立公園、連邦所有地などの公有地だ。ロバート・フロストの詩にインスピレーションを与えたのはこの山々で、彼は数年間、自宅の玄関ポーチからフランコニア山脈を眺めていたという。

　　壮大な冒険は、リンカーン郊外にあるリンカーン・ウッズ登山口から始まる。ここがペミゲワセット・ウィルダネスへの入り口であり、ペミ・ループのスタートであり、ゴールでもある。ペミゲワセット川にかかる大きな吊り橋は壮観なので、ここはゆっくりと時間を取ろう。かつてリンカーン鉄道が走っていたリンカーン・ウッズ・トレイルは、広くてなだらかで、高い木々の樹冠が壮大なトンネルのような雰囲気を作り出す。右手ではペミ川が轟音を立てて流れ、紅葉のピーク時には、温かな色の輝きに包まれる。この地域には、あらゆる距離と難易度のルートがあり、どこも

→ リトル・ヘイスタックからフランコニア・リッジに沿ってリンカーン山に上る。

↑ フルーム山を背景に、フランコニア・リッジ・トレイルの驚くべき魅力に浸る。
→ モンロー山とレイク・オブ・ザ・クラウド小屋からクロフォード・パスを北へ走る。

絵のように美しい。メイン・パスからオッセオ・トレイルに入ると、人混みから離れ、森の中へと誘われる。

オッセオ・トレイルまでは穏やかで短いウォームアップ・ランで、魅力ある小川に沿って続いていく。フランコニア山脈で最も低い山頂、標高1,319mのフルーム山への上りは、右のヘアピンカーブが合図だ。急勾配が森に刻まれ、大きな岩の階段や木の根、木のはしごが印象的なルートだ。フルーム山の山頂は狭く、岩がむき出しで、高山常緑樹が茂っている。渓谷と、遥か彼方の峰々を見渡すことができるのが楽しみだ。

フルーム山からの下りは、とてもこの地域らしい。大小さまざまな岩、むき出しの根っこ、時には木につかまって体を支えなければならないこともある。フランコニア・リッジ・トレイルを進み、リバティ山の山頂に到着すると、フランコニア・リッジの他の山々を一望できる。

リバティ山を出て間もなく、木々に覆われたフランコニア・リッジ・トレイルはアパラチアン・トレイル（AT）と合流する。フランコニア・リッジは、リトル・ヘイスタック山から始まり（木々の間から視界を遮るものの

ない素晴らしいパノラマが広がる)、リンカーン山、そして最後に標高1,603mのラファイエット山へと、素晴らしいリズムで続いていく。走りごたえのある稜線は自分を開いてくれるようで、脚も自ずと前へと進む。とはいえもちろん、天候が変われば、美しいだけでなく残酷にも豹変する土地だ。

ラファイエット山は間違いなくこの地域の最高峰だ。稜線が完全に雲に覆われている日でも、普通なら簡単に進むことができるが、山の天気はすぐに変わるので注意は必要。

ラファイエット山を後にすると、今度はガーフィールド・リッジ・トレイルがフランコニア山脈の最後のピーク、ガーフィールド山に向かって5.6km続く。ラファイエット山の最後の岩板を駆け下りたら、苔むした広葉樹と常緑樹の森を縫うように進もう。ガーフィールド池を過ぎてから、山頂への日陰の上りに入る。

ガーフィールド・リッジ・トレイルをゲイルヘッド小屋に向かって進むと、木々の間を縫うように、険しく凸凹した岩場を下り、アメリカ北東部らしい地形が続く。雨が降ると、ガーフィールド・リッジ・キャンプ場の後のトレイルは、小さな滝のようになる。

ホワイトマウンテンには8つ、アパラチアン・マウンテン・クラブ(AMC)の山小屋があるが、そのひとつ、ゲイルヘッド小屋は、大自然の奥深くに暮らす友人の山小屋を訪ねるような気持ちにさせてくれる。メイントレイルから少し外れたところにあり、くつろいだり、一晩を過ごすのにいい場所だ。

ツイン・レンジの一部であるゲイルヘッド山は、小屋から少し上ったところにある。眺望は山頂の手前の展望台からしか望めない。誰もがゲイル

↑ リバティ山の下の谷から立ち上る
朝の雲。

ヘッドに上るわけではなく、サウス・ツイン山からの壮大な眺めの方がいいと言う人もいる。

ツインウェイ・トレイルは、サウス・ツイン山へと続くパンチの効いた短い上り道だ。1.2kmの間に350m近い上り坂があり、がっしりした岩々が巨大なパンくずのようにあちらこちらに立っている。トレイルの両側には常緑樹が生い茂り、それを抜けると山頂と周囲の景色が現れる。

ここからトレイルは緩やかになり、高山植物の茂みや木々が立ち並ぶ。小さな岩場を横切り、ジーランド山に進むか、またはボンドクリフ・トレイルを走ってボンド山とボンドクリフの（ペミ・ループの主な山頂を踏破できる）8kmを往復しよう。ボンド山は緩やかな地形で、低木に覆われ、視界も開けている。ところがその後、広大な山頂は突然終わり、クリフ（崖）という名の通り、信じられないような崖がペミ・ループの中央へと向かって落ちる。

ツインウェイ・トレイルに戻ってジーランド山へ向かい、ガヨ山を越える。ジーランド山頂は木々に覆われているが、ツインウェイをさらに下ったところにある短いサイドトレイル、ゼアクリフからの眺めがそれまでの景色を補ってくれる。ジーランド滝は、ジーランド滝小屋の隣にある。幾重にも重なった岩の上を流れ落ちる楽しい滝だ。ジーランド池を過ぎると、A–Z（アバロンからジーランド）トレイルに接続する。ジーランド池からトム山へと続くコル（鞍部）への上りは、広葉樹林の中を蛇行して進む。トム山の分岐点まで短い上りがあり、そこからトレイルはハイランド・センターへの最後の下りへと続く。ハイランド・センターは、プレジデンシャル山脈（約32kmのルート）の前泊に最適な場所だ。

プレジデンシャル山脈への挑みかたは多様で、どちらの方角に向かうか、公式の縦走ルートにはないピークを追加したりなど、選択肢がいくつもあ

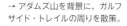
→ アダムズ山を背景に、ガルフサイド・トレイルの周りを散策。

る。高低差はあるけれど、一般的には北から南へのルートの方が人気がある。南から北へのルートは、後半に高いピークがあるからハードルが高いと感じる人もいるが、樹林帯を抜ければワシントン山がいつも視界に入るのが嬉しい。ハイランド・センターの向かいにあるクロフォード・パスから縦走を始めると、ピアース山の分岐点まで約5kmの緩やかなトレイルが続く。

クロフォード・パスからウェブスター・ジャクソン・トレイルに入り、常緑樹に囲まれた大きなケルンが目印の、アウト＆バックの短いコースでピアース山を目指そう。

晴れた日には、プレジデンシャル山脈の南の峰々を見ることができる。クロフォード・パス（アパラチアン・トレイルとつながっている）をアイゼンハワー山まで進み、低木や高山草花の中を通り抜けると、やがてこの山で悪名をとどろかせている悪天候にさらされる。

トレイルにははっきりとした案内板があり、ハイカーや他のランナーも行き交う。アイゼンハワー山とモンロー山には、クロフォード・パスから分岐するトレイルがあり、それぞれの周回路として知られている。

レイク・オブ・ザ・クラウド（雲の湖）は、モンロー山とワシントン山（標高1,917mで、北東部最高峰）の間のコル（鞍部）にある。ここには最高峰のAMC小屋があり、繊細な花々や植物が、湖を囲む岩の間を埋め尽くしている。

↓ 初めてホワイトマウンテンの頂上に到達したランナーはもっと先へと魂を鼓舞される。

THE WHITE MOUNTAINS — USA

小屋からはいくつかの選択肢があり、どれもそれなりに見応えがある。山小屋に泊まらない場合は、先を急ぐことができる。景色のいい往路（約8km）をワシントン山頂まで進み、タッカーマンズ・ラバイン・トレイルを通って AMC ピンカム・ノッチ・センター方面に下ろう。タッカーマンズへの下りはテクニカルだけれど、その後は簡単で、景色もいい。

日の出や朝の光の中で登頂するつもりがない場合は、夕日を拝むためにボルダー・フィールドを通ってワシントン山まで駆け上がるのがお勧めだ。標高1,917mのワシントン山は、北東部で最も高い山で、大きなビジターセンターの中には、ワシントン山天文台、博物館、スナックバーがある。山頂へは、オート・ロードまたはコグ鉄道で行くことができる。週末や祝日は混雑するが、レイク・オブ・ザ・クラウド小屋に宿泊すれば、静かな時間帯に登頂できる。

小屋から縦走路の北端までは約17.7km。ワシントン山を越え、ガルフサイド・トレイルや、クレイ山、ジェファーソン山の周回路を行く。トレイルは岩が多いながらも緑豊かな地形に沿って続き、クレイ山とジェファーソン山の間にあるモンティチェロ・ローンという名の魅力ある草原も通過する。

サンダーストーム・ジャンクションで分岐して、最後のピークであるアダムズ山からは、スターレイク、マディソン・スプリング・ハット、そして最後の頂上であるマディソン山まで見渡せる。アダムズ山を下るルートはいくつかあり、東側のルートは短いが険しい。風を考慮した上でルートを決めよう。山小屋からマディソン山に上るトレイルは、岩だらけの道が最後のケルンまで続く。

プレジデンシャル・トラバースの「公式」ルートは、バレー・ウェイ・トレイルだが、景色がいいのはエアライン・トレイルだろう。スナイダー・

↑ リバティ山頂からの日の出。遠くにはボンズが見える。
← 体力に挑戦を挑むような地形には事欠かない。
→ アダムズ山からのロウズ・パス。大きなケルンが道しるべとなる。

PICTURESQUE PRESIDENTIALS & PEMI

↑ ガルフサイド・トレイル。高山植物が霜に覆われている。
→ トレイルの案内はバッチリで、ルート選びは難しくない。
→ (右) ホワイトマウンテンは100年以上にわたってランナーのトレーニングの場となってきた。

　ブルックといくつもの小滝のそばをさらに下ると、アパラチアン登山口に出る。小川に足を浸したくなるような場所を見つけたら、すぐにどうぞ。アメリカ北東部らしい旅を完成させるのに、これ以上にリラックスできる方法は他にない。
　私はニューヨークの郊外に住んでいるけれど、この雄大な山々を自分のホームの延長のように感じている。夏は、泥と汗にまみれて足が痛くなりながら地ビールを心に描き、冬は、パックの中のすべてのレイヤーを着込み、ヘッドライトをつけて車に戻り、暖房をつけることだけを考える。ホワイトマウンテンでどれだけの時間を過ごしても、まだ全体のほんの一部しか見ていないような気がしている。半年かけてペミ・ループで情熱的なプロジェクトを撮影していた時も、見慣れたはずの場所にはいつだって、新鮮さがあったのだ。

MEET THE GUIDE 案内人

STEFANIE BISHOP ステファニー・ビショップ

ステファニー・ビショップは多様なスポーツに取り組む持久力アスリートであり、数々の障害物コースやアドベンチャーレースで優勝している。ニューヨーク郊外に住み、プライベート・コーチとインテリアデザインを仕事にしている。日付けをまたがるレースを専門としていて、睡眠不足と、それがゆえの未知への挑戦を喜びとしている。生まれも育ちもニューヨークで、一番近い山からも1時間はかかる場所に住んでいるが、「山がなくても問題なし」を信条にトレーニングを重ね、自信を持って山と向き合い、野心的な冒険計画を立てている。

ステファニーはすべてのスポーツ愛好家で、特にお勧めしているのがトレイルランニングとマウンテンバイク。自身の経験が日常生活での成功にもつながることに気づき、身体を動かす楽しさを伝え続けている。人生で大事にしていることは、自分の限界以上に挑戦すること、そして冒険を心から楽しむこと。

訪れる際に覚えておきたいこと

ホワイトマウンテンは地球規模で見てもかなり厳しい天候に見舞われる場所だ。特に強風には要注意。ワシントン山天文台のハイヤーサミット天気予報で絶好調に見える時でも、十分な防寒着、雨具、緊急用具、救急箱を持って行こう。また、8月でも高所は冷え込むことがある。虫除けスプレーも忘れずに。天気予報で森林限界より上への移動が危険と判断された場合は、リンカーン・ウッズ、ハイランド・センター、ピンカム・ノッチからの代替コースを使おう。

この冒険のベストシーズンは、AMCの山小屋がオープンし、食事や軽食が提供される6月から9月だ。宿泊はAMCのウェブサイトから事前に予約しよう。キャンプは人気だが焚き火は禁止されている。また、高さ2.4m以下の木々が茂るアルペン・ゾーン、トレイルや水路から60m以内、小屋やオフィシャルキャンプ場から400m以内では屋外泊が禁止されている。

バックカントリーキャンプ場は有料で、納屋

があり、近くに水源もある。予約は先着順。食料はクマよけの容器に保管すること。

最初の上りからガーフィールド・キャンプ場の湧き水までは、トレイル上に水源はない。山小屋には湧き水がある。自然の水源からの水は、必要な処理を行ってから飲むようにしよう。

この冒険には、公共交通機関が欠かせない。マサチューセッツ州のボストンからリンカーンまで、そしてピンカム・ノッチからボストンまでは予約の上、バス（コンコードコーチ）を利用する。車を運転しない場合は、リンカーンからリンカーン・ウッズ登山口までタクシーを利用しよう。車の場合は、ハイランド・センターに駐車し、AMCバスでリンカーンへ。

プレジデンシャル・トラバースとペミ・ループを1日で完走するランナーも珍しくないが、地形を考えると、2日連続で完走しようとするのは野心的すぎるかもしれない。存分に楽しむためには、じっくり時間をとって行くことをお勧めする。

	おおよその距離		最高標高		気候		地形
	66km		1,917m		大陸性亜寒帯		岩場 / 根 / 尾根 / 森林
	おおよその獲得標高		お勧めの季節		挑戦レベル		注意点
	5,300m		6〜9月		ミックス（誰でも挑戦可能）		木製のはしご / 厳しい風 / 水場なし / クマとヘラジカ

The White Mountains
ホワイト・マウンテンズ

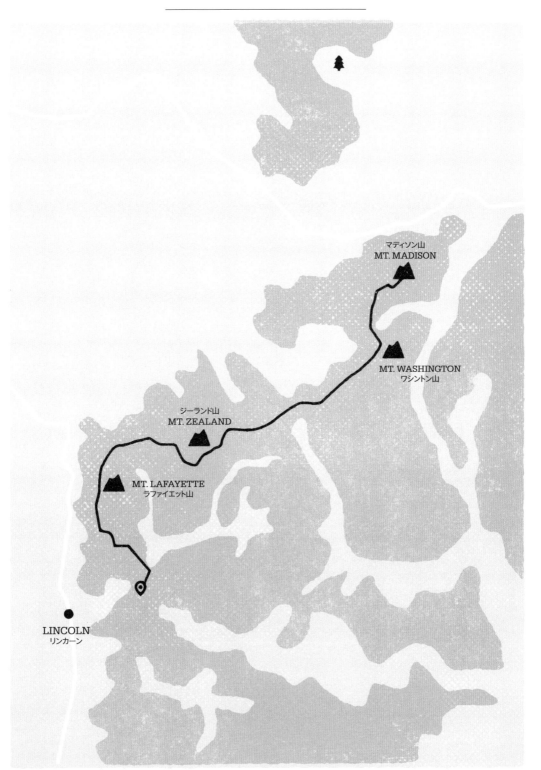

SEDONA & FLAGSTAFF

アメリカ
セドナ&
フラッグスタッフ

| 12 | USA: NORTH AMERICA |

Sedona & Flagstaff —— USA　アメリカ　セドナ&フラッグスタッフ

JUST LIKE THE MOVIES　まるで映画のように

ROB KRAR　ロブ・クラー

**写真集や映画でもおなじみのセドナの赤、オレンジの岩。
その堂々たる姿は、悠久の時間と自然の力を物語っている。**

フラッグスタッフに近づくと、空との境界線をくっきりと描く壮大な山々に目を奪われる。古代の成層火山の跡が生み出す独特な地形は、冬の間は雪に覆われていて、この地域に暮らす13の先住民にとって神聖なものだ。

山々の名前はサンフランシスコ・ピークス。地元民はシンプルに「ピークス」と呼ぶ。なかでも栄誉ある1位はアリゾナ州でも最高峰となる標高3,850mのハンフリーズ・ピークだ。サンフランシスコ・ピークスや山麓の至る所にトレイルと未舗装路があり、広大な牧草地や堂々としたポンデローザ松、アメリカヤマナラシの木々の間を縫うように伸びていて、植物相と地質の多様性には驚かされる。フラッグスタッフの山々、セドナの赤い岩、そしてグランドキャニオンへの下り、何もかもが時間と自然が生み出す荘厳さに溢れていて、訪れる者に畏敬の念を抱かせる。

アリゾナといえば、乾燥した砂漠、サグアロサボテン、寂しく何もないような風景を思い浮かべる人が多いだろう。ところが実際にアリゾナ州を訪れてみると、木々の生い茂るオアシスを見つけたり、スキーリゾートの平均降雪量が250cmを超えることを知って驚く。その山麓に位置するフラッグスタッフは、ラフティング、ランナー、ハイカー、スキーヤー、クライマー、バイカーで賑わう気さくでフレンドリーな町だ。

町の真ん中には、ここがランニングの聖地であるという自負がある。走ることはこの地域に暮らす多くの先住民文化にとっても豊かな伝統で、長く深く意味のある歴史を持っている。

セドナの15kmのハングオーバー周回路は、もとはスリルを求めるマウンテンバイカーが作ったルートだ。そびえ立つ尖塔の上にクライマーを見かけることも珍しくない。登山口までのドライブがすでに美しく、気持ち

← アリゾナの渓谷はテクニカルで過酷。経験豊富なトレイルランナーにぴったり。

↑↓ フラッグスタッフは、グランドキャニオン、セドナ、サンフランシスコ・ピークスにも近く、トレイルランナーやロードランナーのメッカとなっている。

→ この地域の変化に富んだ風景は、昔の西部劇で見たことがあるかもしれない。

が高揚するだろう。フラッグスタッフから45分のドライブの途中、二車線のハイウェイを囲んでいた松林が突然開けて、オーク・クリーク・キャニオンへと下りていく。赤い岩峰が姿を現し、これから走ろうとしている絶景を目に焼きつけることになる。

トレイルはまず、低木が茂る砂漠と乾燥した湿地の中を曲がりくねりながら進む。未舗装路を何度か横切る。標高が高くなるにつれて視界が開け、写真に映えるセドナらしい岩の上に出る。赤とオレンジの砂岩はあまりにも有名で、あらゆるアウトドア雑誌の表紙を飾っている。こうした砂丘と古代の内海からの堆積物を、風と水が幻想的な形に変え続けている。昔の西部劇でおなじみの風景だが、実際、このエリアは1940年代後半から1950年代にかけて、たくさんの映画の舞台となった。

高い地点に向かう途中の景色を眺めた後、岩の上の峰に出る。それを反対側に下り、この周回路の名前の由来となった縦走路を走る。片側はいつ落ちてもおかしくない状態で、もう一方の頭上には崖の波が押し寄せている。トレイルを下って駐車場に続く道まで戻ると、素晴らしい眺望が迎えてくれる。

JUST LIKE THE MOVIES

全長30kmのピークス周回路は、フラッグスタッフで最高の3つのトレイルを結ぶ、地元でも人気のコースだ。岩場の多い最初のセクション（1.6km）からゆっくりと始まり、カチナ・トレイルを東に進み、ウェザーフォード・トレイルまで縦走する。アップダウンを繰り返しながら8km、ヤマナラシの群生地やフラッグスタッフを眼下に望む牧草地、静かな松林の回廊を通り、ウェザーフォード・トレイルとの合流地点に至る。この広いトレイルは、もとは1920年代にT型フォードが観光客をアリゾナ州の最高峰まで運ぶための有料道路として計画された。

傾斜のある道の多くは走ることができる。松、トウヒ、ヤマナラシの間を上り、季節の野花が咲き乱れる開けた場所を通り過ぎると、景色はどんどん広がっていく。最後に長いスイッチバックで森林限界の上へと上り、雪崩道を横切り、盆地を見下ろし、絵に描いたような砂漠を眺めながら、標高3,650mのアガシズ・ピークの肩の高みに到達する。

1,000mの下りはここから始まる。1マイル（1.6km）もない場所にあるハンフリーズ・サドルでは、ハンフリーズ・ピークの山頂まで往復する、険しくテクニカルな3.1kmのサイドトリップに挑戦するオプションがある。スキー場へのスイッチバックを下るこのテクニカルなトレイルは、このエリアで大人気だ。爆走するもよし、のんびりと静かな森や断続的な眺望に浸るもよし。原生地域から飛び出し、スキー場の下を横切れば、車まで戻る周回路が完成する。

グランドキャニオンを訪れる者の多くが、少なくともサウスリムから始まるブライトエンジェルとサウス・カイバブ・トレイルを散歩する。峡谷の麓でコロラド川の両側に沿ったトレイルには、他に、ノースとサウス・

↓ セドナ周辺（ハングオーバー周回路付近）は、傾斜があっても走れることが多い。
→ （右上）アリゾナは砂漠と渓谷ばかりではない。スノーボウル近くのA-Zトレイルの草原を走る著者、ロブ・クラー。
→ （右下）カイバブ・トレイルでは、400万年の地質学的歴史を物語る岩層で急勾配のスイッチバックを下っていく。

↑ 噴石丘火山の SP クレーター近くを行く
ロブ・クラー。

↑ 2020年、「リムからリム、そしてまたリムへ」横断中のバス・トレイルでのロブ・クラー。
→ セドナの15kmハングオーバー周回路の一部。
→ (右) アリゾナのスーパームーン。

SEDONA & FLAGSTAFF — USA

バスのトレイルがある。

　ブライトエンジェルとサウス・カイバブの間を流れる川は、橋を使えば安全に渡ることができる。バス・トレイルは遊泳可能な自然水域だが急流の川の経験が豊富でない限り、泳いで渡ることはできない。つまり、一般的なランナーのルートでは、川が折り返し地点になる。サウス・バス・トレイルで往復24キロを行って戻って、グランドキャニオンの壮大な景色と、ここにしかない静けさを味わおう。960mの下りから始まるコースだから、復路で上って戻ることになる。

　この冒険は、早起きしてタサヤンまで116kmのドライブをすることから始まる。45kmの未舗装路をいくと、登山口と原始的な駐車場に到着する。トレイルの名前の由来となったウィリアム・バスの観光事業の名残を感じられる場所だ。19世紀後半から20世紀初頭までは、観光客はここからグランドキャニオンへと向かった。ウィリアム・バスは、トレイルを拡げ、一時期は観光客を北岸に渡すための引き綱の仕組みを作っていた。

　さて、このコースは、400万年の地質学的歴史を象徴するような岩層をくぐり抜ける、急勾配のスイッチバックから始まる。トレイルは美しい赤い岩のエスプラネード台地を横切り、バス・キャニオンの赤い壁を急降下する。残りのコースは、乾燥した渓谷の底を出たり入ったりしながら、壮大なコロラド川の先のバス・ラピッドまで下っていく。途中、岩に鎖でつながれた古いボートを探してみよう。1915年に放棄されたものだ。浜は休憩にいい場所で、川でひと泳ぎするのもいい。来た道を戻り、目を見張るような崖を眺めながら川を上り返す。コンドルやオオツノヒツジに注意しよう。

　フラッグスタッフとその周辺のトレイルは、私にとって特別な場所だ。このコミュニティと風景がなければ、私は今のようなアスリートになれて

JUST LIKE THE MOVIES

↑ フラッグスタッフの北40km、サンフランシスコ火山地帯を走る。

いなかったし、人間であることさえできなかったかもしれない。2005年に「一時的に」ここに引っ越していなかったら、人生がどうなっていただろうかとよく考える。このトレイルと自然の中で、新たな力と走ることへの愛を見いだし、苦しかった時期を乗り越えるための心の安定を得て、地に足がついた。トレイルランニングのおかげで、私はうつ病との闘いについて人に話すことができるようになった。分かち合うことで、同じような問題を抱える人たちを助けることもできた。

バス・トレイルは、長らく私のやりたいことリストに入っていた。2020年12月、友人のマイク・フートがグランドキャニオン国立公園内のルートに挑戦しないかとメールを送ってきた時は、体力もモチベーションも足りないと感じ、辞退した。ところが、どうしてもその誘いが頭から離れず、その年の最後の日には、グランドキャニオンの向こう側を見つめている自分がいた。全長70kmのルートの途中、生まれたままの姿でコロラド川を泳いで渡るというものだった。人里離れた場所、低い気温、灰色の空──挑戦を怖いと感じる要素はたくさんあった。11時間32分でゴールした時、私たちは疲労困憊していた。この時の努力は間違いなく、私のアスリートとしてのキャリアで最も偉大で、大切な思い出のひとつとして心に残っている。

↑ ピークス周回路。神聖なサンフランシスコ・ピークスの間の山越えの道から北側を振り返る。
↓ ピークス周回路。アガシズ・ピークとハンフリーズ・ピークの間の盆地を東から見る。

	MEET THE GUIDE 案内人	ROB KRAR ロブ・クラー

カナダのハミルトンで育ったロブ・クラー。カヌーとクロスカントリースキーを通して、自然保護や土地管理の大切さを学んできた。奨学金で陸上競技に挑戦していた高校時代、米国での大学時代は浮き沈みがあったが、2009年にトレイルや野生の風景に出会ってからは、トレイルを走ることが天職だと感じている。ウェスタン・ステイツ100マイル、リードヴィルレース・アクロス・ザ・スカイ100マイルで2度優勝、北米ウルトラランナー・オブ・ザ・イヤーに2度選出、2015年には「ランニング界で最も影響力のある50人」のひとりに選ばれるなどの功績がある。

ロブは、自身のうつ病経験についてオープンに語り、エンデュランス・コミュニティにおいてメンタルヘルスの大切さを伝え、偏見をなくそうと努めている。また、トレイルランニングの成功を通して公有地の保護活動を行い、選手指導やコーチング、フラッグスタッフでのランニング・リトリートの開催なども行っている。

訪れる際に覚えておきたいこと

　ピークス周回路は、アリゾナ・スノーボウル・スキー場から始まる。麓に車を停め、案内板に従ってカチナ・トレイルへ向かおう。夏の間は、早起きしてスタートすることをお勧めする。夕方にモンスーン雷雨に見舞われるのは避けたいし、難しくテクニカルな周回路を楽しむ時間も存分にとりたい。

　バス・トレイルへの挑戦にはかなりの経験が必要だ。旅は慎重に計画する必要がある。キャニオンを「リムからリム、そしてまたリムへ」と横断往復するには、まず泳げること、そしてオープンウォータースイミング、及び（または）ラフティングの高度な技術が必要だ。一般的には、川で折り返す24kmの往復ルートをお勧めする。

　サウスバスは、サウスリムで最も町から離れたトレイルで、まずそこへたどり着くまでが冒険の半分だ。自信のあるドライバーが、慎重な計画のもと、視野を広く取れる四輪駆動車で運転すること。公園管理局からキャンプ許可証を取得し、ランの前か後（あるいはその両方）にリムのすぐそばで車中泊をするのも素晴らしいオプションだ。旅の報酬は何かと聞かれたら、「自分とグランドキャニオンを感じられる1日」だろう。トレイルを地図で辿るのは難しくない。案内板はないが、ロイヤル・アーチへのトレイルと約160kmのトント・トレイルとの分岐点にはケルンがある。

　セドナとグランドキャニオンでのランニングで押さえておくべきポイントは、夏の間の極端な気温。40℃を超えることも珍しくない。早めにこまめに水分補給を行おう。当初の計画の倍の早さで水分を消費してもおかしくないことも、覚えておきたい。

	おおよその距離	74km		最高標高	3,650m		気候	夏は40℃にもなる暑さ モンスーン雷雨の可能性		地形	岩場
	おおよその獲得標高	2,190m～2,590m		お勧めの季節	4～11月		挑戦レベル	上級		注意点	夏場の水分補給／サウス・バス・トレイルには看板なし

ピークス周回路
Peaks Loop

グランドキャニオン
Grand canyon

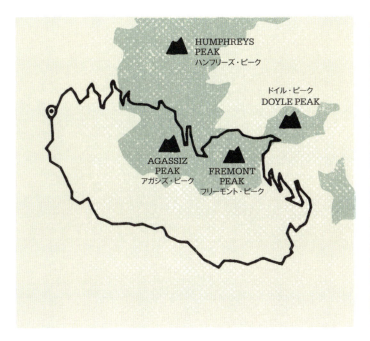
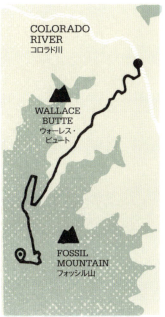

ハングオーバー周回路
Hangover Loop

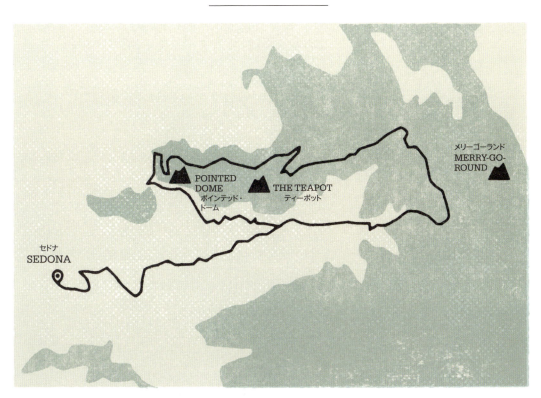

SIERRA NORTE DE OAXACA

メキシコ
シエラノルテ・
デ・オアハカ

13 | MEXICO: NORTH AMERICA

Sierra Norte De Oaxaca — Mexico　メキシコ　シエラノルテ・デ・オアハカ

THE VALLEY OF THE GHOSTS　亡霊たちの谷

EMMA LATHAM PHILLIPS　エマ・レイサム・フィリップス

約 2,000 種の植物が生息するシエラノルテ。
美しい風景は刻々と変化し、常に驚きを与えてくれる。

　亡霊たちの谷は、歴史と表裏一体だ。松葉が絨毯のように敷き詰められたトレイルの左側を、大きな岩を越えて蛇行する川が流れている。右側には、木に覆われた山の斜面。つる植物に絡まれながら岩の横を走り抜ける瞬間だけ、自分しかいないように感じることも許されるが、過去を感じさせる要素はそこら中にある。

　カミーノ・レアル・トレイルの古さは一目瞭然で、歴史の名残が木々の間を縫って道を辿っている。何世紀も前に造られた場違いな石橋が、ゆるやかに川に崩れ落ちている。亡霊たちの谷に入るとトレイルは狭くなり、岩が多くなる。古代のオークの木から垂れ下がるスパニッシュモス（サルオガセモドキ）の花冠は、魔法使いのひげのような銀色で、地面まで届きそうだ。シエラノルテの景色は変化に富み、いつも驚きに満ちている。チランジア、サボテン、ランなどの着生植物が、衰えた木々の樹皮にしがみついている。

　スペイン人による征服以前の時代、メソアメリカには交易路が網の目のように張り巡らされていた。カミーノ・レアルは、オアハカを経由してメキシコ湾と太平洋を結ぶ、古代の道の一部なのだ。この道はかつてサポテカ族が使い、その後スペイン人に利用され、ついにはメキシコ革命の戦場となった。現在この道を行くのは荷馬で、人や物資を町から町へと運んでいる。

　カミーノ・レアルは、プエブロス・マンコムナドス（オアハカ州のシエラノルテ山脈にある 8 つの小さな集落。素晴らしい割にあまり知られていない）を結ぶ 100km のトレイルのひとつだ。プエブロス・マンコムナドスとは、

←8つのプエブロ・マンコムナドスを結ぶトレイルに挑むランナーたち。

大まかに訳すと「連邦」や「統一された町」といった意味で、メキシコ政府からは独立した自治区である。

プエブロス・マンコムナドスは、エコツーリズムを利用して自分たちの文化を観光客と分かち合いながら、ここにしかない、心奪われるような美しい環境を守り続けている。

この山脈の40万ヘクタール（4,000km²）は、先住民コミュニティが自治運営をしている。その昔、サポテカ族の10家族が肥沃な土地を求めてこの地にやってきて、定住したと言われている。メキシコ湾一面に広がる霧を引きずり込む風のために、ここに暮らす人々は「雲中の民」と呼ばれている。太陽とテキーラで有名なメキシコでは考えられないかもしれないが、この辺りの村々は霧に包まれていることが多い。

さて、標高が90mから3,000mと幅広いシエラノルテを走ると、さまざまなミクロクリマ（微気候）を駆け巡ることになる。亜高山帯の草原、そびえ立つ松の木の壁、緑豊かな落葉樹林を、たった1本のトレイルで渡り歩く。気温が低く、時おり霧がかかるため、南半球というより北半球のように感じるかもしれないが、気づけば周りには、サボテンや歯のように鋭いアガベ（リュウゼツラン）が自生している。

この地域にはなんと2,000種もの植物が生息していると言われ、トレイルの周りにはずっと、豊富に緑がある。とはいえ、最も幽玄なのはいわゆる「雲霧林」だろう。蔓やシダが木の上まで生えていて、中を走れば苔の豊かで湿った匂いが地面から立ち上り、霧が頬を濡らす。

→ シエラノルテ・デ・オアハカの山々を覆う雲海。
↓ ラチャタオの町へと向かうランナーたち。

　ベニート・フアレスはオアハカ市からわずか1時間半の場所にある。標高2,750mと高く、雲に近いこの町は、8つの集落の1つ目にあたる。長さ150mの有名な吊り橋が山への入り口であり、4つのプエブロス・マンコムナドスを結ぶ数日間の旅のスタート地点でもある。

　晴れた日には、吊り橋からなだらかな山々が見渡せる。しかし霧の日には、まるで魔法にかかったように宙ぶらりんになり、影に覆われた渓谷の上をゆらゆらと歩いている気分になる。ここから未舗装路を山の頂上に向かっていく。見張り番のようにそびえ立つのは、大きなオヤメルモミとピナベテ松だ。小さな農家に差し掛かると、狭く岩だらけの歩道が左に逸れている。アガベの小道を進み、高山性の牧草地と森を抜ける。この8kmの短いランのハイライトは、約600mの楽しい下りだ。最後は、標高3,050mに位置するプエブロス・マンコムナドス最大の集落、クアヒモロヤスまで戻る。

　ここは雨が多い。風上側の森は年間降雨量700mm〜2,000mm。泥と水溜まりがランナーたちの遊び場を作っている。クアヒモロヤスからラトゥヴィまでのルートは、ただただ楽しい。最初は緩やかな下り坂だが、6km地点から急勾配になる。足首を泥で濡らし、岩を転がしながら、できるだけ軽快に山腹を駆け下りよう。トレイルのスタート地点で羽織ったジャケットや余分なレイヤーは、すぐに脱ぐことになる。

THE VALLEY OF THE GHOSTS

SIERRA NORTE DE OAXACA — MEXICO

↑ ベニート・フアレスの橋を渡るランナー。
→ サン・ミゲル・アマティアンの未舗装路。

→ シエラ・デ・オアハカ各地にある共同食堂（コメドール）では、新鮮なマスや季節の郷土料理を味わうことができる。

　トレイルはいくつもの生態系がぶつかり合うコースを進み、ランナーはその間を猛スピードで駆け抜ける。標高3,050mの地点からルートは松林の中に入る。下草の鮮やかな緑と錆びた赤土の色が、地衣類が張りついた木の幹の深い褐色と美しいコントラストをなしている。ヤマアラシのようなクチャリラや、鮮やかな花を咲かせるブロメリアにも注目したい。標高2,100m付近はこのルートの最低地点で、天候が明らかに変わる。雲が切れ、太陽の光が差し込み、暖かく乾燥しているのがわかる。川の谷間にある鱒の養殖場カラ・デ・レオンには、手で食べるのが流儀の新鮮な魚料理がある。

　標高2,400mの場所にある小さな町ラトゥヴィは、尾根にまたがってバランスをとっているようだ。この町から見るパノラマの景色は、どの角度から切りとっても素晴らしい。黄色いトウモロコシ畑の向こうにはどこまでも続く青い峰々が広がり、町の端には、絵のように美しいサンタ・マルタ教会がある。まるで鷲の巣のように堂々と山の頂上に建つ姿は、3回目のランのスピリチュアルなフィナーレを予感させる。

　ラトゥヴィからラチャタオまでのカミーノ・レアル・トレイルが、オアハカで最も美しいトレイルだと言う人が多い。全長15kmで、微気候を寄せ集めたようなシエラノルテ独特の風景を緩やかに上っていく。古代の木々に覆われた谷を下り、玉石が散らばる川に沿って細く蛇行し、時折荷馬とすれちがいながら、再び整備された道に出る。

　ランニング旅の終わりを衝撃で締めくくりたい人は、オアハカ市に戻る前にラチャタオでテマスカルを企画しよう。テマスカルとはサポテカ族の伝統的な儀式のこと。再生と癒し、母胎への回帰を象徴する、小さくて暗

THE VALLEY OF THE GHOSTS

い日干しレンガの部屋の蒸し風呂に入るのだ。この深い浄化作用は、トレイルで3日間を過ごした身体に効く。痛んだ筋肉をリラックスさせるのにぴったりだ。

　亡霊たちの谷を後にした時、私は自分が最後のひとりであることに気がついた。しかし、そんなことはどうでもよかった。ランニングとは勝つことではなく、歩こうが這おうが、全員がゴールを目指すものなのだ。最終区間に入る時は、残された力を振りしぼって足を一歩ずつ前に進めた。ラチャタオまでのコースで、背後には土煙が立ち上っていた。角を曲がった時、私は息をのんだ。そこには、旅の終わりを告げる豪華な教会がそびえ立っていたからだ。16世紀後半に建てられたサンタ・カタリーナ教会は、実に堂々とした風貌で、中庭では子どもたちがバスケットボールに興じていた。私は冷えたビールを飲みながら子どもたちのおしゃべりに耳を傾けた。

　テマスカルの深い闇の中では、仲間のランナーたちの姿を確認することができた気がした。トレイルを3日間走ったあとで、誰もが疲れきっていた。走ることは自分を限界まで追い込み、意志の強さを試す。視力を奪われた私は、自分の体の本当の重さを実感した。運よく異文化を体験できることはあっても、こんな風に旅を振り返る機会は滅多にない。誰もを受け入れるテマスカルの在りようは、オアハカに暮らす人々の気風を映し出している。彼らは思慮深く、内省的で、穏やかな湯気の毛布のように広く温かい抱擁で旅する者を迎えてくれるのだ。

→（右上）ベニート・フアレスから見た印象的な吊り橋。ランナーは魔法で宙吊りになった気分になる。
↓ シエラノルテを走るということは、さまざまな微気候の中を走るということ。

↑ トウモロコシの殻むき。トラコルーラ・デ・マタモロスの市場でのアボカド売り。グラナ・コチニージャを挽くテオティトラン・デル・バジェのレオノル・バウティスタ。

THE VALLEY OF THE GHOSTS

	MEET THE GUIDE 案内人	EMMA LATHAM PHILLIPS エマ・レイサム・フィリップス

エマ・レイサム・フィリップスは旅と環境の
ジャーナリストで、トレイルランニング専門の
旅行会社エール・リブレを通じてトレイルラン
ニングに出会った。普段は走るよりも執筆し
たり、農園で過ごす時間が多い。エマにとって
ランニングは異文化への入り口であり、美しい
風景を旅する機会となっている。英国ブライ
トンに暮らしていると、朝のジョギングはコン
クリートの上を走ることになるので、メキシコ
を旅して自然を走る美しさを再発見できたこ
とに感謝している。こうした動きは本質的に深
く瞑想的な体験で、自分の身体とつながり直
すことができる。オアハカの山々で初めてトレ
イルランニングを体験したエマは、ジョギング
とスピードハイクを組み合わせた。今回紹介
したトレイルは誰にでもアクセス可能でありな
がら、彼女の心にもずっと残るものとなるだろ
う。

訪れる際に覚えておきたいこと

標高3,050mで走るのは、大きな挑戦だ。高
地に慣れていない場合は高山病に苦しむかもし
れない。息切れはよくある症状なので、ベスト
を出そうと無理をせず、必要な時はいつでもペー
スを落とそう。

高度が上がれば気温の変化もある。低地では
Tシャツで十分な日でも、山頂に備えて上着を
持参しよう。メキシコはいつも暑いと思ってい
る旅行者も多いが、10℃以下になることもあり、
高山では頻繁に霜が降る。雨季は5月中旬か
ら12月までで、いちばん雨が多いのは7月か
ら9月。12月から5月にかけては、より乾燥し、
より寒いが、同時に高湿度となる。

プエブロス・マンコムナドスの宿泊施設はシ
ンプルで楽しい。キャビンはレンガ造りか木造
で、地元の自然物を使って建てられている。中
には2段ベッドかダブルベッドがあり、大きな
石造りの囲炉裏に火が入り、パチパチと陽気な
音を立てながら温かな光に包まれる。キャビン
の外にあるパティオではハンモックに揺られ、
息をのむような山の絶景を眺めることができる。

プエブロス・マンコムナドスの宿泊施設はす
べて、現地の公式エコツーリズム・オフィスで
ある、エクスペディシオネス・シエラノルテか
ら予約する。トレイルは単独で走ることもでき
るが、ガイドを雇い、ツアーにすることで、ロー
カルならではの見識を深めることもできる。ベ
ニート・フアレスまでは車の送迎を手配するこ
とも可能だし、セントラル・デ・アバストスか
らバスに飛び乗ることもできる。ハイカーに人
気があるコースだが、最近はランナーも増えて
いるため、走れるガイドを見つけるのも簡単だ。
きっと、あなたも彼らの背中を追いかけること
になるだろう。

	おおよその距離	50km		最高標高	3,050m		気候	標高の違いによる様々な微気候		地形	土のトラック／岩場／草原／森林
	おおよその獲得標高	2,000m		お勧めの季節	雨季は7〜9月、それ以外は湿気と乾燥		挑戦レベル	上級		注意点	天候の急激な変化

sierre norte de Oaxaca
シエラノルテ・デ・オアハカ

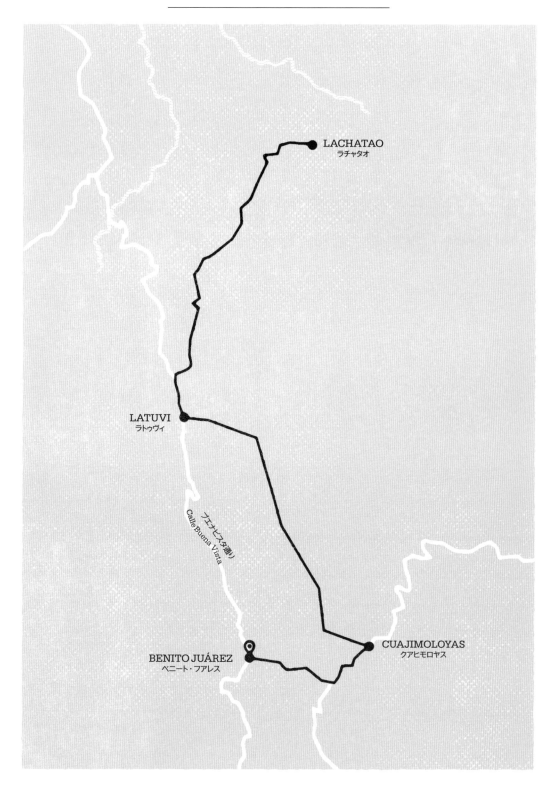

PATAGONIA

チリ
パタゴニア

| 14 | CHILE: SOUTH AMERICA |

Patagonia — Chile　チリ　パタゴニア

COMPLETE IMMERSION IN NATURE
自然とひとつになれる場所

JENNA CRAWFORD　ジェナ・クロフォード

**プマリン公園は、パタゴニアの景観の多様性の宝庫。
柔らかいトレイル、深い森、氷河の岩、息を飲むような滝に
出会えるだろう。**

　古い貨物フェリーに乗ってチャイテンへと海上を滑走していると、パタゴニアの海岸線の美しさと広大さに五感がフル回転し、時間を忘れる。どの方向を見ても、青い海から緑の山脈がそびえ立つ。プマリン公園南部にそびえ立つ氷に覆われた火山の背後には、深い紫色の夕日が沈む。

　チリの湖水地方にあるプマリンは、南米最大の国立公園の一部である。40万ha（4,000km²）の敷地には、常緑樹、シダ、その他何千種もの植物を含む多様な植物生態系があり、誰もがアクセスできるトレイルやキャンプ場などのインフラも充実している。この公園では、パタゴニア糸杉としても知られる、現存する最後のアレルセの木を保護していて、ここがパタゴニア最高のトレイルだと言う人も多い。この人里離れた場所の魔法を体験しようと、世界中から旅行者やハイカーが集まってくる。

　カレタ・ゴンザロの町から南へ14kmの地点から、カスカダス・エスコンディダス（隠された滝）への4kmのトレイルは、アレルセの木が生い茂る森をひたすら上るところからはじまる。シダなどの植物に囲まれた木製の橋を渡ると、絵のように美しい滝に到着する。難しいトレイルではない。立ち止まり、生い茂る森に驚嘆し、水のせせらぎに耳を傾けながら滝へと進もう。

　トレイルを進むと、鬱蒼とした森から足元へと陽光が美しく差し込むが、橋を渡る時は集中力を切らさないこと。一歩進むごとに跳ねるように揺れる。滝の近くでは、滑りやすい岩にも注意しよう。実際の滝が見えてくる前に音が聞こえてきて、滝はすぐそばにあるとわかる。木製の手すりが付

← 砂や石があまりに巨大で、自分のちっぽけさを感じる。

いた梯子のような階段が、深い椀状のエリアへとランナーを導く。水は上から流れ落ち、大きなプールに溜まる。ここではぜひ座って、自然の音に耳を傾けよう。

　1日がかりのトレイルは、もうひとつある。パタゴニアの景観の多様性を見せてくれるコースだ。氷河に覆われたミチンマウイダ火山への登山口は、カレタ・ゴンザロから南へ約28kmの地点、有名なカレテラ・アウストラル道路からすぐの場所にある。トレイルの始まりは柔らかい土で、2%の勾配が心地いい。木々やシダが生い茂って作る林冠の下を、着実に上っていく。森がうっそうと茂っていて、かなり先まで行かないと火山に気がつかないかもしれない。トレイルは森の奥に進むにつれて狭くなっていく。一歩、また一歩とシングルトラックを進むのは、綱渡りのように感じるだろう。道は徐々にテクニカルになり、大きな岩や切り株、氷河からの流出水が生み出す水たまりなどがある。

　10kmを過ぎると、道は森から抜け出す。ミチンマウイダの山頂が現れるが、まだ遠く感じる。はっきりそれとわかるトレイルは姿を消し、ランナーたちは岩だらけの尾根や足元が不安定な火山岩を横切りながら、火山に向かう道を自分で探さなければならない。ひんやりとした空気と素晴らしい景色が、ピリッとした警戒心と、お腹の底からの活力をもたらして

← パタゴニアの魅力を体験しようと、世界中からランナーや登山者がやってくる。
↓ フェリーからコルコバード火山を眺める。

くれる。慎重な一歩一歩に伴って、岩が下のクレバスに落ちる音が聞こえる。氷河の麓にたどり着いた時、手を伸ばして氷に触れることができるのは、この上なく特別な体験だ。

　下りも同じ道を進む。この登山道には、チリのルバーブとも呼ばれるジャイアント・ナルカ（チリ南部に自生する珍しい植物）が生い茂っている。トゲのある長い茎と大きな緑の葉がある植物で、その葉は2mにもなる。ランニング中に植物で擦れるのは自然なことだが、その小さな傷に汗が入ると、チクチクするので注意。冒険の締めくくりには、登山口の川でひと泳ぎするのが最高だ。

　長さも難易度もそれぞれの日帰りハイキングコースが、他にもいくつかある。どれも、カレタ・ゴンザロのキャンプ場から簡単にアクセスできる登山口からはじまる。

　チャイテン火山を目指す10kmのコースには、晴れた日にはチロエ島の壮大な景色が広がる。2008年の最後の大噴火の痕跡のように残された裸の木々も印象的だ。噴火後、チャイテンの町の大部分は激しい溶岩流と泥流、川の氾濫によって破壊された。当時、プマリン公園は2年間閉鎖されたままだった。そして今、その跡は、自然のたゆまぬ再生力が生み出す新しい生命と魅力的なコントラストを生み出している。カレタ・ゴンザロ

↑ センドロ・パソ・デソラシオン・トレイル（荒廃の道）。堂々たるオソルノ火山の周りを行く。
↓ この地域の生態系は、多様だ。

から南へ32.5kmのところにある南部ハイウェイのロス・ジギオス橋がトレイルのスタート地点だ。自然災害の背後にある物語を旅行者に説明する案内板が立っている。

　ハイキングに使われることが多いこの道は、急な上り坂が続く。火山の頂上までの標高差は600m以上。往復4.4kmの見事な道のりだ。基本的には、緑豊かな植物と黒曜石に囲まれた「階段」で、火口の縁に到着するまで500mの岩場を上ることになる。頂上付近で噴出するガスの煙には、自然の力、そして人の暮らしの脆さをつきつけられる。

　頂上までの道のりはハードだが、ポールを使って歩くことができるため、実際には「中級者向け」とされている。ハードな運動であることは間違いないが、頂上からの感動的なパノラマを楽しめる美しい旅でもある。

　チリのパタゴニアを離れる旅行者の多くは、フェリーでカレタ・ゴンザロを出発し、車でカレテラ・アウストラルを北上してプエルト・バラスに向かう。これはビセンテ・ペレス・ロサレス国立公園内の"センデロ・パソ・デソラシオン"（荒廃トレイル）を走る絶好の機会である。

　プエルト・バラスからペトロフエの登山口までは60kmの道のりだが、海岸沿いの景色、豊かな緑、流れる川は目を見張るものがある。トレイルは片道12kmで、ミラドール・ラ・ピカダ展望台までを行って帰ってくる往復コースに短縮することもできる。トドス・ロス・サントス湖の緑青色の湖岸線から歩いてすぐの登山口の麓に駐車場がある。広々としたトレイル（公式地図では「上級者向け」となっている）は、柔らかく深い砂と乾いた火山灰が混ざったところから始まるので、平坦なコースだが難易度が高く感じられる。ルートは緩やかな上りから始まり、4kmあたりからより急で長い上りになる。トレイルはいくつもの火山流路を横切り、オソルノ火山（特徴のある円錐形、噴火や溶岩流で知られる）の歴史が生き生きと感じ

↑（左上）チロエ島のクカオ地区に落ちる夕暮れ。
↑（右上）筆舌に尽くしがたい美しさのミチンマウイダ氷河へ向かう道。

↑ チロエ島のアフエンコ公園の大草原、湿地帯、ビーチを横断する。

られる。トレイルの勾配が急になるにつれ、太陽の光が照りつけるルートが挑戦と高揚の両方をもたらす。ミラドール・ラ・ピカダの展望台から、トドス・ロス・サントス湖とオソルノ火山、さらに遠くの山々まで見渡す頃には高揚感はピークとなるだろう。

　トレイルランニングと旅行が好きで良かった。パタゴニアの森の多様な景色と美しさを体験する機会を与えてもらえたことに、滞在中に何度も、心から感謝した。この経験を分かち合いたい人たちが心に浮かんだ。自然を通して自分自身とつながるほど、他者にも同じような体験をしてもらいたいと思うようになる。夜になると、他の光に邪魔されることなく一面の星空が無限に広がり、その穏やかさに心を打たれた。ロサンゼルスのような大都市に住んでいると、その生活環境や生きる速度から、自然や身体性から遠ざかってしまうことが多い。夜空にこのような純粋さを見出せる場所は他にはないと思った。

　パタゴニアのトレイルには、自由、力強さ、そして枯渇という美しい感覚という、私がランニングで愛するものすべてがあった。今この瞬間にここに存在し、忙しい心を断ち切ることの大切さを思い出させてくれた。ロサンゼルスに戻った今日、私はトレイルランニングへの情熱を育み続け、マインドフルネスを通じて、テクノロジーや分刻みでペース配分をするような生活からの自由を獲得しようとしている。そう、ここにも静寂はある。どこを探せばいいかがわかるようになることが大切なのだ。

↓（左下）この地域のトレイルらしい木製の橋。
↓（右下）チェプ川の夜明けは美しい。

↑ ミチンマウイダ氷河の一部。
↓ プマリン公園、ミチンマウイダ火山西麓の氷。

MEET THE GUIDE 案内人 | JENNA CRAWFORD ジェナ・クロフォード

ジェナ・クロフォードは、オレゴン州ポートランドで育った。長い雨季と緑の森、山と海岸の両方に近いことで知られる町から 2014 年にロサンゼルスに移住し、人生の後半でランニングを始めた。LA に移住後はロードレースにどっぷりと浸かり、地元のランニングシーンに溶け込んでいった。
マラソンやウルトラマラソンの距離を好み、年間を通して充実したトレーニングを行うことで知られているジェナは、ただ走るだけでなく、

人とつながることを大切にしている。パタゴニアの湖水地方などの新しい世界を旅することが、トレイルランニングへの思いを強くする。ランニング業界のマーケティング専門家としてキャリアを積んだジェナは、ランニングやレースを通じて人が活動的になり、自分自身が抱えている苦しさを克服するサポートをしている。自由時間には執筆や読書を楽しみ、若手ランナーの指導にもあたっている。

訪れる際に覚えておきたいこと

プマリン公園の端にあるカレタ・ゴンザロは、観光客や旅行者を受け入れるために作られた小さな町だ。カフェテリア、レストラン、キャンプ場などの宿泊施設があり、レニフエ・フィヨルドを望む趣のある木製キャビンが並ぶ。キャビンのそばにある「カレタ・ゴンザロ・カフェ」では、おいしい手作り料理や焼きたてのパンが味わえるほか、小さなビジターセンターやギフトショップでは、書籍やガイド、地図、オーガニックの蜂蜜やジャムなどを取り揃えている。トレイルで 1 日を過ごした後は、暖炉のある居心地の良い隠れ家でくつろぐといい。家庭料理とチリワインで迎えてもらえる、最高の場所だ。

夏のパタゴニア北部の気候は、日中は暑すぎずランニングに最適で、夜も涼しくて快適だ。ただし、ミチンマウイダ火山へのトレイルの案内板は見逃しがちなので注意が必要。トレイルは、熱帯雨林の麓、ブランコ川の岩場の横にあるキャロルウルズア橋からスタートする。往復 24km のコースだが、ハイカーの場合、8 〜 10 時間かかる。ランニングの時間や辛さも甘く見てはいけない。予想以上に長い時間がかかった時のために、水や行動食など、十分な準備をしよう。残り 5km あたりで完璧に澄んだ小川を渡るが、ここの水は安心して飲むことができる。

おおよその距離	38km	最高標高	2,450m	気候	半乾燥	地形	森／岩場／根が張っている
おおよその獲得標高	2,500m	お勧めの季節	11〜2月	挑戦レベル	ミックス（誰でも挑戦可能）	注意点	氷河から流出する水

Pumalín Park

プ マ リ ン 公 園

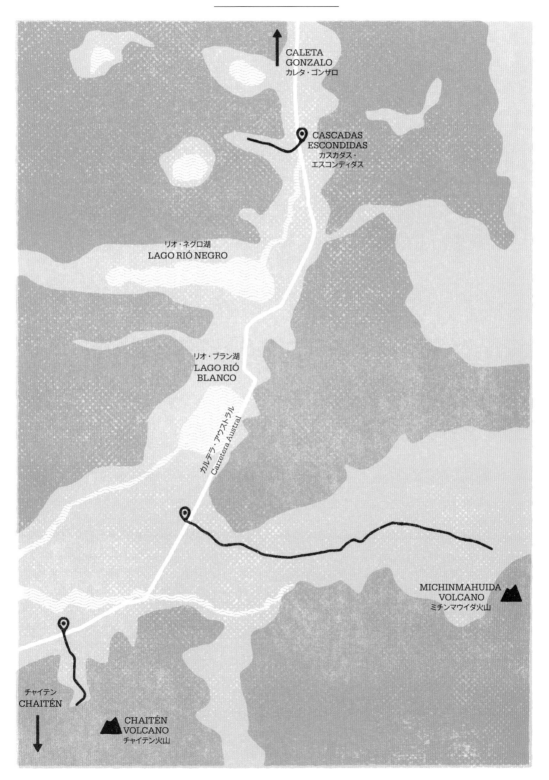

COMPLETE IMMERSION IN NATURE

GREAT HIMALAYA TRAIL

ネパール
グレートヒマラヤ・
トレイル

| 15 | NEPAL: ASIA |

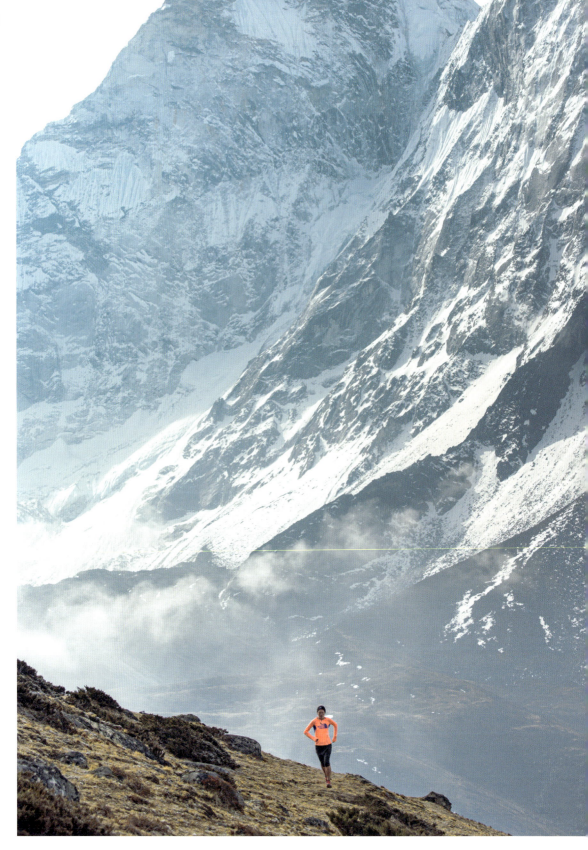

GREAT HIMALAYA TRAIL — NEPAL

Great Himalaya Trail —— Nepal　ネパール　グレートヒマラヤ・トレイル

THE HIGHS OF THE HIMALAYAS
ヒマラヤ・ハイ

LIZZY HAWKER　リジー・ホーカー

**世界最高峰の山脈と人里離れた村を結ぶトレイルは無数にある。
非公式のルートをいくつか紹介しよう。**

　美しく、荒々しく、厳しく、そして、忘れることができない。この海抜
5,500mの峠（実際には山頂のように感じられる峠）が、ヒマラヤ山脈の背骨
だ。この山脈はインドの平原とチベット高原を隔てるように、2,400km以
上にわたって伸びている。中心に立つと、まるで足元に世界があるよう
に感じる。風は吹きすさび、大気は氷のように冷たい。グレート・ヒマラ
ヤ・トレイルはあまりに孤独で、荒々しい。この行程を終えれば道は楽に
なるが、標高5,500mの静寂の中、寒く、風にさらされ、まだ何日も続く
と思うと、どうしても冒険の果てにあるもの、つまり、温かい食べ物や山
小屋、話し相手について考えたくなる。ヒマラヤ体験の美しさと感動の深
さは、この荒々しさと難しさと切っても切り離すことができない。

　地図上には確かに、線がある。しかし、グレート・ヒマラヤ・トレイル
そのものは「ヒマラヤ山脈の最高峰に沿って、人里離れた険しい山岳地帯
を結ぶルートをまとめてみよう」という漠然とした構想にすぎない。アメ
リカのアパラチアン・トレイルやパシフィック・クレスト・トレイルなど、
「長距離ハイキングトレイル」と呼ばれる有名なコースのように、はっき
りと案内板のあるレクリエーショントレイルではない。むしろ、グレート・
ヒマラヤ・トレイルこそが理想であり、規範となるあり方なのだ。いくつ
ものバリエーションが考えられるし、自分の目的や意図に合わせてルート
を選ぶといい。実際に現地に行けばもちろん、決められたルートがないと
いうのは、厳しいことだ。ヒマラヤは荒々しく、巨大で、謙虚にならざる
を得ない場所であることは間違いない。

　ヒマラヤの名は、サンスクリット語のヒマ（雪）とアラヤ（住処）に由
来する。言うまでもなく、世界で最も高い山脈である。西のナンガ・パル

← 空いっぱいに広がるアマ・ダ
ブラムの壮大な北壁。

バットから東のナムチャ・バルワまで2,400kmの弧を描き、インド亜大陸のモンスーン性平原とチベット高原の砂漠を物理的にも気候的にも隔てる壁となっている。インドプレートがユーラシアプレートの下に沈み込むため、地形と環境は絶えず変化している。無常という仏教の概念を、現実的に、そして物理的にも思い起こさせる土地だ。

　人間は何千年もの間、そんな山々に暮らしてきた。交易が行われ、人が移り住むことで、ルートとトレイルの複雑なネットワークが形成されてきた。トレイルは、長い間、唯一のコミュニケーション手段だったのだ。ヒマラヤ山脈は、伝統的に、交易者、羊飼い、巡礼者たちによって北から南へと横断されてきた。標高5,000mの峠を越えるのはいつだって困難を伴うものだったが、それが生きるための手段だった。ラダック、ネパール、シッキム、ブータン、チベットが外国人に国境を閉ざしている間、山々とそのコミュニティは何年もの間、世界から隔離されていた。

　比較的最近まで、ネパールとチベットの国境地帯は制限され続けていた。そのため、ネパールを横断するにはヒマール（「山脈」の意）から離れ、グレート・ヒマラヤ山脈の南に位置するパヒール（「中山間地域」の意）へと頻繁に迂回しなくてはならなかった。2002年、ネパールのヒマール地方はついに開放され、許可制トレッキングが始まった。ネパールの人里離れた山岳地帯を結ぶルートというコンセプトがようやく実現し、そこから

グレート・ヒマラヤ・トレイルが開発された。

　一度の挑戦で速く走りきるのもいい。区間を分けて数年かけて走るのもいい。どのようなルートやスタイルを選ぼうと、ネパール・ヒマラヤ横断は信じられないような体験であり、冒険である。世界最高峰の山々を旅する者たちは誰もが、自分自身の挑戦をしながら同時に、人間と山についてを深く考えることになる。

　大事な注意点がある。現代の旅でありながら、ヒマラヤ山脈には、レクリエーション用の案内板があるルートは存在しない。旅行者は、自分の目標や夢に合わせて、古くから伝わる地元のトレイルのネットワークを組み合わせていくしかない。好んでそこにいる私たちと違って、地元の人々がトレイルにいるのは、トレイルを使う必要があるからなのだ。そう考えると、まったくもって謙虚な気持ちになる。

　グレート・ヒマラヤ・トレイルのどの部分にも、到達するには時間がかかる。そして、ほとんどの峠が標高5,000m以上であることを考えると、どんな旅にも高所順応は織り込み済みでなくてはならない。インドやチベットから陸路でネパールに入国するのでなければ、旅行者にとって唯一の入り口はカトマンズの国際空港を経由することだ。カトマンズは広大で混沌とした開発途上都市だが、その先に目を向けると、北にシバプリ（2,731m）、北西にジャマチョ（2,095m）、南西にチャンドラギリ（2,551m）、南にプルチョーキ（2,782m）という4つの有名な山頂に環状に囲まれた都

↑ ドゥグラの上空には、登山家に捧げられた石碑がたくさんある。
← 標高5,420mのチョ・ラは、クーンブ谷とゴーキョ谷を結ぶエベレストの峠。エベレスト地方で最も壮大な展望のひとつだ。

↑ 不眠不休の3日間、標高差10,000m以上の319kmの旅で、エベレスト・メモリアルのチョルテン［仏塔の一種］を通過。

市だということがわかる。

　ランナーに努力する気持ちがあれば、カトマンズ渓谷の外縁周辺の丘陵地帯は、あらゆるレベルの機会を提供してくれる。簡単な日帰りツアーから数日間のチャレンジまで、可能性は無限大だ。

　まずは定番で、街の北にあるシバプリを走ろう。公共交通機関でも、トゥートル（ネパールのUberに相当するバイク）でも簡単に行ける。ルートはいくつか選ぶことができ、道を見つけるのも簡単だ。お勧めは、ネパール人ランナーをその日のガイドとして雇うこと。彼らのお気に入りを教えてくれたり、ランニング後のおやつに最適なチヤ、チャナ、アルー（それぞれ紅茶、ひよこ豆、ジャガイモの現地呼称）の名店に連れて行ってくれたりもする。

　もっと長い距離を走りたいなら、ストゥーパ・トゥ・ストゥーパ・レースの54kmルートをたどってみよう。このレースは、カトマンズで最も重要な2つの仏塔を結ぶもので、スワヤンブー（猿寺というニックネームは、訪れて納得）からブダナートまで、より長く、より緑豊かな道を行くこと

ができる。大きな上り坂は最初にジャマチョ・ガンバへの上り口があるだけで、あとは谷の縁をかすめる松林の中の美しく、大部分は走りやすいトレイルが続く。カトマンズを知るのに、5つの僧院と1つの仙人の洞窟を上から眺める以上の選択肢はない。

そしてもちろん、160kmに近い究極の渓谷周回コースもある（イギリス湖水地方のボブ・グラハム・ラウンドのように、個人で挑戦する「ラウンド」も増えている）。

ジャングルの森から尾根道、水田まで、トレイルは変化に富んだ素晴らしい景観に彩られている。晴れた日には、マナスルやアンナプルナからガネーシュ・ヒマール、ジュガル・ヒマール、ランタン・ヒマールといった「大きな」山々を拝むこともできる。4日間かけてゆっくり走るのもいいし、1日で完走するチャレンジもいい。

トレイルランニングの文化は、世界的にそうであるように、ネパールでもこの10～20年で劇的に発展した。中でもネパールが特別なのは、開発途上国であるため道路が丘陵地帯や山岳地帯まで伸びてきたのがごく最近のことだからだ。ほとんどの場合、どこへ行くにも歩かなければならなかった。それゆえ、この国にはトレイルがたくさんある。歩けるところはどこでも走れるのだから、ネパールはマウンテンランナーやトレイルラン

← カトマンズ上空の晴れ渡った夕空には、雄大なガネーシュ・ヒマール山脈が見える。
↓ グレート・ヒマラヤ・トレイルを単独で2度完走したトレイルランナーであり筆者のリジー・ホーカー。

ナーにとってまさに天国だ。

　誰にでも特別なものはある。私にとって、それこそが走ることだ。早朝の涼しい時間帯に、昼間の暑い時間帯に、夕陽の消えゆく光の中で。四季折々に走ることを続けて、変化を観察し、感じていると、大地のリズムが自分自身のリズムになってきて、あらゆることは諸行無常であることを心地よく思い出せるようになる。

　自転車は、混沌としたカトマンズの街と私の自由をつなぐパイプ役になる。朝の惰性から解き放ち、街の喧騒がシバプリ丘陵のふもとの水田地帯に姿を消すまで、生命の流れが背中を押してくれる。

　最初の一歩で、静けさに揺さぶられる。毎日に浸透した感情の波は一時停止する。動きの中には静寂がある。私は考えている。しかし、思考は私を支配していない。私はただ走っている。アイデンティティも目的も関係ない。走っているだけで十分だ。走っているということは、生きているということだから。そして、生きていることがすべてではないか。

　私は足元がどんな感じかを知っている。暑すぎる日でもどこに泥があるかを知っている。滑る岩も滑らない岩も知っている。どの枝をつかめば下り坂を突破できるか、あるいは上り坂を楽に上れるかも知っている。モンスーン後の青々とした繁茂期も知っているし、冬のまばらで乾燥した時期も知っている。

　それこそが走ることだ。「走ること」は私を解放し、私を私に戻してくれる。

↓ ヒマラヤの霧と威厳に包まれながら、トレイルで思索にふけるひととき。

↑ グレート・ヒマラヤ・トレイルの夜空の下、キャンジン・ゴンパの
ティーハウスが温かく迎えてくれる。
↓ ネパールはマウンテンランナー、トレイルランナーにとってまさに
天国だ。

THE HIGHS OF THE HIMALAYAS

MEET THE GUIDE 案内人 | LIZZY HAWKER リジー・ホーカー

イギリスのエリートアスリート、リジー・ホーカーは、可能な限りどこまでも自分の脚で行く。24時間走行の世界記録保持者であり、ウルトラトレイル・デュ・モンブラン（UTMB）で前人未到の（そして他に類を見ない）5度の優勝を果たした。

リジーが初めてネパールを訪れたのは2007年。アマ・ダブラム（標高6,812m）に登頂し、エベレストベースキャンプからカトマンズに戻るランニングに挑戦。彼女はこの「ラン」を2回繰り返し、現在も記録を保持している（63時間8分）。

グレート・ヒマラヤ・トレイルでネパール・ヒマラヤを単独で2度横断し、ナショナル・ジオグラフィック・アドベンチャラー・オブ・ザ・イヤーを受賞、現在はウルトラ・ツアー・モンテローザのレースディレクターを務める。リジーの探求への情熱は競技にとどまらず、ネパールの高地や野生の場所へと足を運び続けている。『人生を走る』の著者であり、行動する科学者として、イギリスのシューマッハ・カレッジの「ムーブメント、マインド、エコロジー」修士課程の指導チームの一員も務めている。

訪れる際に覚えておきたいこと

ヒマラヤンアドベンチャー研究所の「スルーハイカー・データベース」によると、2020年春の時点で、ネパール区間では97回の「ネパールGHT完全踏破」をはじめ、多くの探検が行われている。人気のシーズンは春（4～5月）と秋（10～11月）だが、夏のモンスーンや冬の雪など、それぞれの季節に応じた挑戦が可能だ。スタイルも、ソロトレッキング、ガイド付きティーハウストレッキング、キャンピングトレッキングなど、さまざまなルートを予算、時間、好みに応じて選択することができる。

情報源として「トレイルランニング・ネパール」を紹介したい。ネパールでのスポーツ振興、地域住民参加の奨励、地元トレイルランナーのサポートを目的として結成された非公式の組織で、アドバイス、インスピレーション、レースカレンダー、ネパール人アスリートのニュースなどを提供してくれる。現在では、年間を通して多くのシングルステージやマルチステージのレースが開催されており、トレイルランニングのコミュニティはますます熱を帯びている。ネパール人ランナーも、駐在ランナーも、訪問者にトレイルを紹介するのを楽しみにしている。ナマステ！

おおよその距離	64km	最高標高	5,000m以上	気候	山麓はやや温かい／上るほど雪と氷が増える	地形	岩／泥／森／林／尾根／水田		
おおよその獲得標高	3,000m	お勧めの季節	4月～5月と10月～11月	挑戦レベル	エキスパート	注意点	高度順応に時間をかけること		

shivapuri peak
シ バ プ リ・ピ ー ク

stupa to stupa
ストゥーパ・トゥ・ストゥーパ

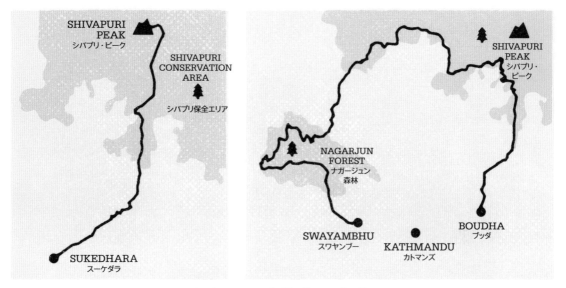

Kathmandu valley rim
カトマンズ渓谷の外縁

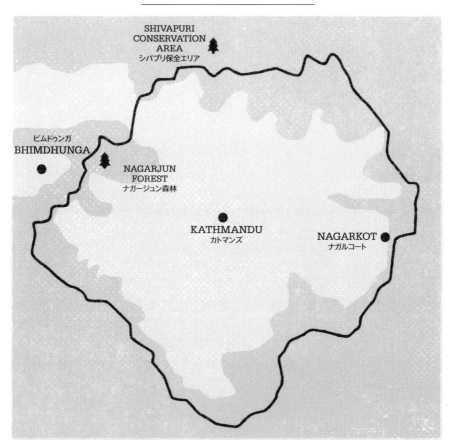

THE WEST MACDONNELL RANGES

オーストラリア
西マクドネル山脈

| 16 | NORTHERN TERRITORY: AUSTRALIA |

The West MacDonnell Ranges —— Northern Territory　ノーザンテリトリー　西マクドネル山脈

SOLITUDE IN THE OUTBACK
アウトバックの孤独

TOM LE LIEVRE　トム・ル・リエーヴル

**西マクドネル山脈の人里離れた稜線、
砂の川岸、ギザギザの稜線に沿って広がるのは
目を見張るようなララピンタ・トレイルだ。**

　西マクドネル山脈の稜線に立つと、「無」が何百キロ、何千キロと続く深い感覚に襲われる。自分の中も「無」だ。オーストラリア、ノーザンテリトリーのこの地にやってきたランナーは、外の世界のストレスも、期待も、混沌も、すべて置き去りにすることになる。あるのは、涼しいそよ風、柔らかな冬の太陽、そして足元の岩だらけのトレイルが奏でる穏やかな音だけ。ララピンタ・トレイルは、ランナーにただ純粋な喜びをもたらす。

　マクドネル山脈の一部である西マクドネル国立公園（地元のアボリジナルには、そこはトジョリットジャと呼ばれている）は、アリススプリングスの約160km西に広がっている。ギザギザの稜線、人里離れた深い渓谷、砂の川岸からなるこの山脈には、オーストラリアでも有数のマルチデイ・ウォーキングコース、ララピンタがある。

　アウトバックを横切って蛇行するララピンタは、途切れることなく続く岩だらけの地形で、生命をつなぐ湧水がある荒々しい渓谷を通る。乾燥した川底は、夏の雨を待って眠っているようだ。背の高い丈夫なユーカリの木々は何もない川の縁にしがみつき、根を深く埋めれば水が得られると知っている。

　この太古の風景は、何千年もの間、ほとんど手つかずのままだった。片側二車線の道路と、建物がいくつか、そして風変わりなラクダ（自動車が導入される前の1900年代初頭に持ち込まれた）の他は、人間が干渉した形跡はほとんどない。ここには、真の原生地域が残っている。

　ララピンタは、荒っぽい数日間を好む冒険家たちにも、バンで暮らす人にも、また、長い1日の探索の後にはビールとふかふかのベッドがいるという人にも、最高の機会を与えてくれる。後者をお探しの方には、グレ

← 砂漠の草原の背後には、波打つ尾根が遠くまで続いている。

ンヘレン・リゾートは理想的な選択だろう。レストラン、ホテルの部屋、ベッド、キャンプ場、そして何より大事なバーもある。

グレンヘレンがリゾートと呼ばれていることは、どうか大目に見てほしい。元は牧場のロッジだったグレンヘレンは、本物のアウトバックの魅力を保ちながら「リゾート」に生まれ変わった。5つ星の豪華さは期待できないが、忘れられないアウトバック体験がそこにある。グレンヘレンは、世界最古の河川敷といわれるフィンケ川に面している。

素晴らしい水域を行く、26kmの1日ランを紹介しよう。西マクドネル山脈の、一見どうやったって入り込めないような壁をドラマチックに切り裂くオーミストン渓谷は、ララピンタ沿いで最も美しい渓谷のひとつだ。車で簡単にアクセスでき、キャンプもできて、冷たい飲み物や軽食が買える小さな売店（季節限定）もある。

オーミストン渓谷の駐車場からは、パウンド・ウォーク（この名は、平らな岩だらけの盆地が広がる、長方形の山脈であるパウンドの素晴らしい眺望が楽しめることから付けられた）に簡単にアクセスできる。稜線に沿って進むと、ルートは盆地に落ち込む。埃っぽいトレイルを進むとオーミストン渓谷に着く。そこは、はっきりとしたトレイルがいつの間にか岩だらけの河床へと変わっている場所だ。最後は、夏の雨で磨かれたスラブ帯に出る。数千年前の地質学的な動きが岩を何層にも重ねて峡谷ができ、その壁はいい日陰を作ってくれている。まるで、長い年月をかけて乾燥したパンを幾重にも積み重ねたように見える。

疲れを感じてきたら、その先の冒険へと出発する前に、オーミストン峡谷の冷たい水に浸かろう。ここまでの数時間の汗を洗い流すことができる。

トレイルが渓谷を抜けたら、ソンダー山を初めて見ることができるヒルトップ展望台に立ち寄る。ここは砂漠の平面を突き刺すような孤高の山だ。

↑ ひと呼吸おいて、「今ここ」を楽しもう。
← (左下) 冬の間、澄み切った青空がランナーを待っている。
← (右下) テクニカルなセクションもあり、油断はできない。

　ここからトレイルはやや平坦になり、蛇行しながら川底や尾根を横切り、時に、この辺りでは珍しい水分に群生するユーカリが見られる。
　最終的にルートはフィンケ川のキャンプ場に到着し、キャンプで夜を明かすか、グレンヘレンへの道を行くか（この場合、ランニング距離が約5km増える）、選択肢は2つある。
　2日目はグレンヘレンからレッドバンクまでの31kmを走る。早起きした人は、ララピンタのセクション11に出ると、素晴らしい日の出に出会えるだろう。
　この区間は決してハードではないが、とにかく美しい。遠くには最終目的地であるソンダー山がある。岩だらけの大地を縫うようなトレイルを進むにつれ、それが一歩一歩近づいてくる。
　最終日のアドベンチャーは、ノーザンテリトリーで4番目に高い山、ソンダー山（アボリジナルの呼称ではルウェティエプメ）への登頂だ。標高1,380mと決して大きくはないが、その魅力は否定できない。砂漠の底から空に向かって伸びるこの山は、アボリジナルの文化では「あお向けの妊婦」と表現される。
　この16kmを行く冒険の朝、ゾンダーを存分に味わいたかったら、夜明けの数時間前にヘッドライトをつけて出発しよう。さわやかな朝の砂漠の空気の中、ヘッドライトで視界を制限されながら自分の足元だけを感じる。

↑ 西マクドネルには、どこまでも続く
なだらかな稜線がある。

THE WEST MACDONNELL RANGES — NORTHERN TERRITORY

レッドバンク渓谷にはじまって、山頂までゆっくりと上っていく経験は格別だ。最初の光が差し込むと、周りの乾燥した岩だらけの地形が見えてくる。山頂に着いたら、日の出を待つ時間が始まる。太陽が地平線からあふれ出し、広い平原をゆっくりと横切り、遠くまで続く尾根の側面を洗うまで、光の帯は増していく。

長い間座って自分の存在に思いを馳せたら、お楽しみの時間。そう、美しい 8km のダウンヒルがはじまる。スピードはいくらでも速くなるが、油断は禁物だ。一歩間違えれば、耐えがたいほど硬い地面を転げ落ちることになる。

死を覚悟するような下り坂の後は、冷たいビールを飲みながら周囲を丹念に眺めるのが最高の薬になる。もっと楽しみたいなら、西マクドネルでは、とにかく外に出て探検してみよう。

荒っぽいランが好きで、長い1日を走った後に地面で寝る不快感まで楽しみたい人がいれば、ここまでの区間をすべてつなげて、マルチデイで走ることも可能だ。このルートを取る場合、グレンヘレンまでの往復がなくなるため、全体の走行距離が 10km 短くなる（合計 63km）。ただし、自立した判断と走りが必要で、注意しなくてはならない箇所は増えるし、経験の浅い人には向かない。ルートが町から離れたところにあることを考えると、しっかりと計画することが肝要だ。食料の買い出しに 1 日かけよう。トレック・サポートのような、ララピンタ・トレイルに特化した地元のツアー会社を利用するのもいい。

私が西マクドネル山脈のスケールの大きさを実感したのは、日帰りでト

↑ 砂漠の床を突き破り、ランナーの最終目標であるソンダー山が姿を現す。
← 波の頂上を思わせる尾根の上。
→ ユーカリの木が何もない川の縁にしがみついている。

↑ ララピンタ・トレイルはよく整備されているが、原生林の名残もちゃんと残っている。
→ 数千年にわたる地質学的活動に刻まれた、自然のアーチ。

レイルのセクション9にある人里離れたウォーターフォール渓谷まで走った時だった。ソテツが散在する岩だらけのイナランガ峠をジグザグに走ったあと、日陰でひと休みした。岩が前夜から蓄えていた冷たい風を放ち、空気を冷やしていた。次の開けた岩場に向かうと、奥にはそびえ立つ稜線。太陽は空高く、熱波が地平線をぼやけさせていた。遠くに、何か動いているものがあることに気づいた。ゆっくりと、5人のハイカーが視界に入ってきた。立ち止まって話すと、彼らはこの5日間で初めて会った人間が私だと言った。

　この場所は、どれだけ人里から離れているのだろう。手つかずの自然がたっぷりと残っていて、トレイルからほんの数歩外れただけで、他の人間がただの一度も立ったことのない場所に足を置くことになるのだろうと思った。

　ララピンタは特別な場所だ。あのトレイルで経験したことはすべて、10年たっても私の中の大事な部分に保存されている。今でも、経験するさまざまな瞬間が引き金となって記憶が蘇る。稜線に立つ時、岩だらけのトレイルで足を踏みしめる時、涼しい風が髪を優しく撫でる時、温かい春の日や澄み切った星空を見る時に、自分がランニングに没頭しはじめたあの頃を思い起こさせる。何が大切か、なぜ走るのかを思い出させてくれるのが、ララピンタなのだ。

↓ ララピンタ・トレイルは岩場が
断続的に続く。

MEET THE GUIDE 案内人 | TOM LE LIEVRE トム・ル・リエーヴル

トム・ル・リエーヴルの故郷は、イギリス南部の丘陵地帯。20代の頃、オーストラリアをバックパッカーとして旅した時に、トレイルランニングへの情熱に目覚めた。一番近い町まで130kmの距離がある中央オーストラリアの小さなリゾートに住み込みで働き、休日になるとララピンタを探索して退屈を癒した。すぐに、未知の土地を発見する方法としてのランニングに夢中になった。ランニングと探検を何年も続けた後に英国に戻り、現在はランニングコーチとして、目標達成や潜在能力を引き出すサポートを行っている。

訪れる際に覚えておきたいこと

ここで紹介したコースを走るのに、覚えておくべきことがいくつかある。オーミストン～グレンヘレンは、オーミストン渓谷またはグレンヘレンまで、車で行く必要がある。また、グレンヘレン～レッドバンク渓谷は、終点のレッドバンク渓谷にて車で拾ってもらう必要がある。フィンケ川のキャンプ場には、水（タンク）と、屋根付きの寝床がある（先着順）。

トレイルでは、水の確保が一番大事だ。常時水があることは稀であり、水があっても、冬の間は淀んでしまうことも多い。各トレイルの入り口には水タンクがあり、トレイルの途中に設置されていることもある。パークレンジャーが定期的に水を入れているが、井戸水で、強いミネラルの味がするため、飲む前に処理することをお勧めする。ここで紹介するコースでは、オーミストン渓谷、フィンケ川、ロックバー・ギャップ、レッドバンク渓谷に給水タンクが設置されている。冬でも気温は30℃以上になることがあるので、水分補給は大事なポイントになる。

日付をまたがるランニングでは、各日のランニング後に補給をするため、フィンケ川とレッドバンクに食料を置いておく必要がある。ディンゴたちが喜んで盗み食いをするため、食料には確実な動物対策をすること。さもなくば、食べる物が何もない状態で立ち往生することになる。そして、守るべきは食べ物だけではない。ディンゴはテントの外に置いたブーツを噛むことで知られている。彼らは本当に何でも食べるのだ。

各登山口には指定されたキャンプ場がある。冬の間は氷点下になることも珍しくないので、寝具の準備は万全に。

キャンプや車中泊も素晴らしい選択肢だ。アリススプリングスにはバンや車のレンタル会社がある。このオプションの唯一の欠点は、送迎車を手配しないとポイント・トゥ・ポイントの区間を完走するのが難しいというところだ。

おおよその距離	73km	最高標高	1,380m	気候	モンスーンから猛暑まで極端な変化	地形	岩場／渓谷／砂の川床
おおよその獲得標高	1,200m	お勧めの季節	5～8月	挑戦レベル	エキスパート	注意点	ディンゴ／水場なし

Larapinta trail
ララピンタ・トレイル

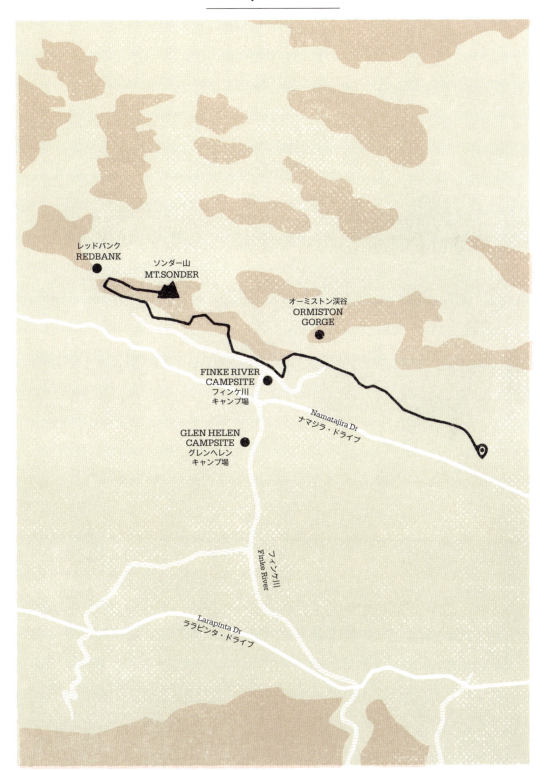

↑（前頁）ヒマラヤのランタン渓谷にあるキャンジン・リの頂上からの眺めを縁取る祈りの旗。

← コルシカ島のエギーユ・ド・バヴェッラ山塊。

現地での心得

本書で紹介した素晴らしい目的地が、どうかあなたがトレイルに出かけるきっかけとなりますように。とはいえ、インスピレーションは素晴らしい体験を織りなす一部に過ぎず、準備も欠かせない。そこで本章では、トレイルランニングの実践的な側面から、最高の時間を過ごすための注意点をいくつか紹介する。

はじめに

これまで読んだ各章でも触れたように、トレイルは皆の共有空間である。一人ひとりが、自分とは違うペースで動いていることを覚えておこう。本書ではトレイルランニングの旅を前提に書いたが、実際には、トレイルランニングは全体の一部でしかない。片側の端にハイキングやトレッキングがあり、中間のどこかにファストハイクがあり、反対側の端にようやく出てくるのがトレイルランだ。歩行者中心のスペクトルの一端に位置していることを忘れてはいけない。ハイキングやトレッキングでは、ある場所から別の場所まで歩くという目的を持って出発する。一般的に、ハイカーはランナーほど軽量化を気にせず、重めの装備（テントや調理器具など）を携行し、頑丈でサポート性の高い靴を履く。一方、ランナーは重量をできるだけ軽くするため、ブーツではなくトレイルシューズを履き、必要最低限のものしか入っていない小さなパックを背負う。この２つの中間に位置するのがファストハイカーだ。ファストハイキングとは、軽量なキットや装備で山の中を素早く移動することを指すが、ランナーほどは荷物を減らさない。本書では、足を使ってトレイルを移動する他の方法よりもランニングが優れていると主張したいわけではない。実際、ファストハイク、ハイキング、ランニングを必要に応じたタイミングで行っている。大切なのは、トレイルに出て自然を満喫することだ。ただ、どんな時も、遭遇するであろうコンディションや地形に合わせた準備をすることだけは忘れないでいたい。

難易度

本書では可能な限り、さまざまな長さのトレイルと難易度を紹介した。体力レベルや経験は人それぞれなので、それに応じた冒険を選択しよう。各トレイルに「挑戦レベル」を設定し、４つのカテゴリーに分類した：

→ **初級**：休憩のオプションが豊富。技術的なレベルも高くなく、適度な地形でトレイルでの脚力を試したいランナーに最適。

→ **上級**：トレイルランニングやファストハイクの経験がある程度あり、初めての場所や中程度の技術レベルの場所でも困難は感じないが、厳しいコンディションにさらされるのは避けたいランナーに適している人向き。

→ **エキスパート**：経験豊富なトレイルランナーで、山岳経験があり、厳しいコンディションやテクニカルなトレイルに敢えて挑戦したい人向き。

→ **ミックス（誰でも挑戦可能）**：初心者向けの簡単なコースから、経験豊富なトレイルランナー向けのテクニカルな地形や山岳ルートまで、あらゆる能力に合わせて挑戦できるコース。

シャモニー（p. 42-55 参照）やホワイトマウンテン（p. 152-67 参照）は、初心者から経験豊富なランナーまでが楽しめるが、オーストラリア（p. 224-37 参照）やヒマラヤ（p. 210-23 参照）は、トレイルの状況や、そもそも遠隔地であることから、初めてのランナーには不向きだ。繰り返しになるが、本書の目的は、自然の中で感動的な体験をすること。そのためには、自分の体力や能力に正直であることが大切だ。最初から背伸びをした挑戦をしてひどい目に遭うよりは、難易度の低いものから始めて、徐々に上達していくほうがいい。

準備

トレイルランニングが初めての人も、経験豊富な人も、適切なシューズ、ウェア、装備を持っているかどうかで冒険が大きく変わる。テクニカルでないトレイルで良いコンディションの中を短時間で走るための基本は、トレイル専用のランニングシューズ（グリップ力があり、石や岩、根からある程度守ってくれる）と、快適なランニングウェアだ。それ以上は、必要に応じて装備やウェアを追加しよう。

→ 適切なウェアは、快適さの確保はもちろん、安全性も高めてくれる。トレイルが寒く濡れる可能性があるなら、防水性と防寒性の高いウェアを着用するか、携帯すること。軽量のジャケットとズボンはバッグにすっぽり収まるので、たとえスタート時にコンディションが良さそうでも、必ず携行しよう。足元をすくわれるよりは、少しくらい重いものを持参したほうがいい。

→ 短いトレイルランでない限り、リュックは必須だ。人気があるのは、ベスト型のリュック。背中にフィットするので跳ね返りが少なく（伝統的なバックパックよりずっと快適）、ポケットがたくさん付いているので必要なものをすべて収納することができる。

→ リュックにはいつも、冒険をより安全で快適にするアイテムがあるといい。数時間以上走り続ける可能性のあるランでは、食べたり飲んだりすることが重要だ。あらゆる味と嗜好に応じたエナジーバーも便利。水は重量増になるが、1リットル程度の飲み物は必ず持っていたほうがいい。重さが

左右均等になるように、リュックに入るハイドレーションパックを使うか、小さなボトルを2〜3本用意しよう。

→ セーフティブランケット、ホイッスル、懐中電灯、フル充電した携帯電話（すべて防水性のあるものに収納）を持っていくことで、万が一の時に助けを呼ぶことができ、雨風から身を守ることができる。

また、トレイルに出かける際には必ず、行き先と滞在時間を誰かに伝えておくことをお勧めする。不可能な場合は、その詳細を書いたメモを、誰かが簡単に見つけやすい場所に残しておこう。

そして、天候がどうであれ、前もって計画を立て、天気予報をチェックしよう。この地球上の未開の地では、天候の変化に応じて判断・行動することが大切だ。もとの計画の変更、延期、あるいはキャンセルも選択肢に入れること。迷ったら、現地の人に相談しよう。

本書の冒頭でも述べたが、どこよりも美しく、人生を肯定し、充実させるトレイルの多くは、偶然にも地球上で最も脆弱で危険な地域にあることを、ここで改めて強調しておきたい。私たちは、少しでも多くの人にトレイルに出て楽しんでほしいと思っている。同時に、世界で最も素晴らしい自然を訪れる人々には、その自然に対する責任があるとも考えている。訪問者にできる最低限のマナーとして、痕跡を残さないようにしたい。トレイルに何かを持ち込むなら、必ずそれはトレイルから持ち帰ろう。ポイ捨てはどこであってもしてはいけないが、トレイルでは決して許されない。

また、景観が脅かされている世界の多くの地域では、トレイルから外れないことが重要だ。つまり、1mであっても左右にそれて走ることは控えたい。ひとたびトレイルから離れた土壌の浸食が始まると、繊細な自然のバランスに大きなダメージを与えることになる。

そして残念ながら、トイレのエチケットを抜きにしてトレイルランニングの本は成立しない。小便がしたくなったら、水源から少なくとも70mは離れるように。また、紙を使う必要がある場合は、使い終わったらジップロックの袋に入れ、処分できるように持ち帰ること。紙は決して燃やさないで。特に、山火事の多い地域にいる場合は危険だ。

大きな方の用を足す場合、場所によって対応が異なる。標高が高く、特に敏感な地域やたくさんの観光客が訪れる地域では、出したものを持ち帰ることが義務付けられている場合がある。そのための袋を購入することもできるので、必要かどうかを事前に確認しておこう。排泄物を持ち帰る必要がない場合は、水源やキャンプ場、トレイルから少なくとも70mは離れた場所を探すのがベストだ。できれば日当たりがよく、土が緩んでいる場所を選ぶこと（日光は有機物の分解を助ける）。少なくとも10cmの深さの穴を掘り、用を足し、取り除いた土で穴をふさぐ。使用済みのトイレットペーパーはジップロックに入れ、持ち帰り、適切に処分する。穴を掘ることが不可能な場所にいる場合は、岩を持ち上げておき、使い終わったらそれで蓋をするという方法でも構わない。

手をきれいにするのももちろん重要だが、手指消毒剤や抗菌ウェットティッシュを使うこと。使用したウェットティッシュはすべて持ち帰らなければならないのは、ご想像の通り！石鹸は、生分解性のあるものでも、特に水生生物に害

を与える河川では使わないこと。

野生動物との遭遇

トレイルでは、主に2つの出会いがある——野生動物、そして他の人々だ。野生動物は人がそこに到着するずっと前から、来訪者に気がついている。だが、もしトレイルで動物に遭遇したら、自分が彼らのホームにお邪魔していることを忘れずにいたい。少なくとも歩く速度を落とすか、あるいは立ち止まって、動物たちの普段通りの暮らしを妨げないようにしよう。もちろん、危険な生き物にトレイルで出会う場合は、別のルールが適用されることもある（カナダのトレイル p. 150 参照）。危険な野生動物に出会う可能性がある場合、事前によく調べ、トレイルで遭遇した場合の対処法を学び、必要なものを出発前に入手しておこう。

そしてもちろん、他にも人がいることも忘れずにいよう。道が狭くて自分が楽に通れない場合は、坂道を上ってくる人に道を譲るのがエチケットだ。自分と同じ方向に進んでいる人を追い越したければ、歩くスピードまで落としてから。せっかく自然の中に身を置いているのだから、誰だって怖い思いはしたくないものだ。すれ違うときには手を振ったり、「こんにちは」と挨拶をするのもいい。また、スウェーデンで皆がそうするように、話し声は小さめにしよう。ひとりの時間や静けさを求めてトレイルを歩く人が多い。トレイルにいる誰もが、安心して冒険を楽しむための空間と静けさを保証されるべきだと考えたい。

もちろん、困っていそうな人や道に迷っている人に出会ったら、何かできることがないか確認すること。助けは必要ないと言われても、気を悪くせず、礼儀正しく振る舞おう。助けが必要かもしれない人のそばを黙って通り過ぎてしまうよりは、確認してから自分の道を進む方がいいのは間違いないのだから。

最後のアドバイスは、可能な限り、トレイルや通りすぎる場所で出会う地元の人々に敬意を払おうということだ。土地の習慣や伝統は極めて大切で、それこそが各地を特別なものにしている。訪れる前にその土地についてよく読み、調べておくといい。できる限り地元の商店で買い物をして、地元のレストランで食事をしよう。ガイドが必要な場合は、その地域に住んでいる人を探そう。できることなら、地域の習慣に自ら参加しよう。あなたの体験はきっと、より豊かなものになるはずだ。

最高の冒険をするためにはいつだって、常識を働かせ、前もって調べて、十分な予防策を講じるのがいい。そんなあなたといつかトレイルでお会いできるのが、楽しみだ。

大会情報と便利なウェブサイト

GENERAL ／ 全般

www.likethewindmagazine.com/
runningwild
本書の手引き書となるサイト。本書についての情報、目的地、最新情報などを掲載している。
www.likethewindmagazine.com/ltwtv
本書がキュレーションした映像ライブラリー。進化し続けるトレイルランニングのインスピレーションの宝庫。

THE DOLOMITES ／ ドロミテ

www.dolomiti.org/en
ドロミテの公式観光サイト。旅行を計画するのに必要なあらゆる情報が満載。
www.ultratrail.it/en
ラヴァレード・ウルトラトレイルのウェブサイト。20km ～ 120km までのレースシリーズを紹介している。

THE LOFOTEN ISLANDS ／ ロフォーテン諸島

www.lofotenislands.no
ロフォーテン諸島の公式観光サイト。必要な情報や見どころが満載。
www.lofotenskyrace.no
ロフォーテン・スカイレース：本島内のレース。10km ～ 32km の距離。
www.thearctictriple.no
アークティック・トリプル：白夜の中、12km ～ 161km を走るレース。

THE CHAMONIX VALLEY ／ シャモニー渓谷

www.autourdumontblanc.com/en
ツール・ド・モンブランの観光サイト。実用的な情報、予約可能な宿泊施設のリストなどが充実している。
www.utmbmontblanc.com
世界最大級のウルトラトレイルレース。

INVERIE & THE KNOYDART PENINSULA ／ インベリー＆ノイダート半島

www.trailrunningscotland.com
トレーニングキャンプやガイド付きランなど、スコットランドのトレイルランニングガイド。
www.airelibre.run
ノイダートを含む、世界で最も美しいトレイルへのガイド付きツアーを紹介。
www.ultra-x.co/scotland-125
スコットランドのハイランド地方で 125km を走る 2 日間のトレイルステージレース（2 日目に 50km を走るオプションあり）。

CORSICA ／ コルシカ

www.pnr-resa.corsica
コルシカ国立公園のウェブサイト。コルシカでの山小屋検索や予約ができる。
www.restonicatrail.fr
コルシカ島でのレース。17km ～ 110km まで選択可能。
www.corsicacoastrace.com
41km ～ 155km の間で、3 ステージか 6 ステージのレースを選択。

THE PYRENEES ／ ピレネー山脈

www.spain.info/en/nature/
オルデサ・モンテ・ペルディード国立公園。スペインのオルデサとモンテ・ペルディード国立公園に関する情報が満載の便利なウェブサイト。
www.ultrapirineu.com/en
ピレネー山脈で開催されるレース。20km ～ 100km まであり、希望者にはバーティカルキロメーターも用意されている。
www.psr.run/en
ピレネー山脈の 240km を走る 7 ステージのレース。

THE KUNGSLEDEN ／ クングスレーデン

www.visitsweden.com/where-to-go/
northern-sweden/swedish-lapland/
kings-trail-kungsleden

クングスレーデンの公式観光サイト。観光客向け
の実用的な情報が満載。
www.swedishlapland.com/stories/kings-trail
本書（p. 98 参照）に記載されているルートを忠実
にたどるレース。
www.emelieforsberg.com/
kungsleden-completed
ウルトラトレイルランナーのエミリー・フォー
スバーグは 2018 年、クングスレーデンの FKT
(Fastest Known Time) を達成した。その記録達成
の物語。

THE LAKE DISTRICT / 湖水地方

www.lakedistrict.gov.uk
湖水地方への旅を最大限に楽しむためのヒントや
アドバイスが満載の公式観光サイト。
www.lakelandtrails.org
夏の 100km ウルトラをはじめ、年間を通してレー
スが開催される。
www.fellrunner.org.uk
フェルランニングの究極のガイド。

JURA / ジュラ

www.j3l.ch/en
情報とインスピレーションに満ちた、この地域の
公式ガイド。
www.swisscanyontrail.com
31km 〜 111km まで選べるジュラのレース。

BRITISH COLUMBIA / ブリティッシュ・コロンビア

www.britishcolumbia.com
ブリティッシュ・コロンビア州の公式観光ガイド。
見どころ、宿泊施設、観光スポットへのリンク。
www.5peaks.com/britishcolumbia
5km 〜 100km まで選べる夏のレースシリーズ。

THE WHITE MOUNTAINS / ホワイトマウンテン

www.visitwhitemountains.com
ホワイトマウンテンへの旅行を計画するのに必要
なすべての情報を掲載。

SEDONA & FLAGSTAFF / セドナ&フラッグスタッフ

www.natra.org

北アリゾナ・トレイルランナーズ協会。アリゾナ
州北部のトレイルランニングを推進し、毎週トレ
イルランを開催している。
www.aravaiparunning.com
アリゾナを拠点とするトレイルレースのオーガナ
イザー。

SIERRE NORTE DE OAXACA / シエラノルテ・デ・オアハカ

www.sierranorte.org.mx
オアハカのシエラノルテのトレイルと訪問者向け
の見どころを紹介する実用的ガイド。
www.airelibre.run
オアハカを含む、世界で最も美しいトレイルへの
ガイドツアー。

PATAGONIA / パタゴニア

www.patagoniarun.com/en
パタゴニアで開催される 10km 〜 160km までのト
レイルレースを紹介。
www.airelibre.run
パタゴニアを含む、世界で最も美しいトレイルへ
のガイドツアーを紹介。

GREAT HIMALAYA TRAIL / グレートヒマラヤ・トレイル

www.welcomenepal.com
ネパール全土の公式観光サイト。
www.greathimalayatrail.com
グレートヒマラヤ・トレイルのガイド。必要な実
用的情報や文化的な配慮が満載。
https://trailrunningnepal.org
ネパールのトレイルランニングの振興とネパール
人アスリートの支援を目的に設立されたウェブサ
イト。数十のレースへのリンクがある。
www.manaslutrailrace.org
標高 5,000m の峠を含む 130km を 7 日間かけて走
るステージレース。

THE WEST MACDONNELL RANGES / 西マクドネル山脈

www.larapintatrail.com.au
ララピンタ・トレイルの公式観光ガイド。
https://runlarapinta.rapidascent.com.au
ララピンタ・トレイルで開催される 4 日間 4 ステー
ジのトレイルレースの詳細。

参考文献

OUT AND BACK: A RUNNER'S STORY
OF SURVIVAL AGAINST ALL ODDS
（未邦訳）
『アウトアンドバック：あらゆる困難を乗り越えたランナーの物語』（未邦訳）
ヒラリー・アレン
2017年、プロのウルトラランナーであるヒラリー・アレンは山の尾根から45m落下し、背骨を含め数カ所を骨折した。治癒、再建、そしてランニングへの復帰を目指す彼女の戦いを描いた一冊。

BEYOND IMPOSSIBLE: FROM
RELUCTANT RUNNER TO GUINNESS
WORLD RECORD BREAKER
『不可能を超えて：消極的ランナーからギネス世界記録保持者へ』（未邦訳）
ミミ・アンダーソン
専業主婦で3児の母であるミミ・アンダーソンは30代でランニングを始めた。その後、いくつものギネス世界記録を達成するとは思いもしなかった。

FEET IN THE CLOUDS: THE CLASSIC
TALE OF FELL- RUNNING AND
OBSESSION
RICHARD ASKWITH
『雲に踏み込め：フェルランニングに取り憑かれた男の物語』（未邦訳）
リチャード・アスクウィズ
1シーズンをかけて、主要なフェルレースを可能な限り走破し、ボブ・グラハム・ラウンド（湖水地方の最高峰42座を24時間以内に完走するノンストップ・サーキット）でクライマックスを迎えたリチャード・アスクウィズの物語。

GRAND TRAIL: A MAGNIFICENT
JOURNEY
TO THE HEART OF ULTRARUNNING
AND RACING
『グランド・トレイル：ウルトラランニングとレースへの壮大な旅』（未邦訳）
フレデリック・バーグ＆アレクシス・バーグ
『ライク・ザ・ウィンド』誌の長年の友人であるフレデリック・バーグとアレクシス・バーグの兄弟（『ランニング・ワイルド』でもドロミテ、ロフォーテン、フラッグスタッフを撮影）が、等身大のインタビューと息をのむような写真でウルトラランニング界の偉人たちを追った本。

GET TO THE SUNSHINE: LIFE
LESSONS THAT BROUGHT ME TO THE
WESTERN STATES FINISH LINE

『太陽の下へ： ウェスタンステイツのゴールへと導いた人生の教訓』（未邦訳）
ローラ・チャンセラー
世界最古で最も権威のある160km（100マイル）のウルトラマラソン、ウェスタン・ステイツ100マイル耐久レースで、いかに最後まで走りきったかを描いた物語。

REBORN ON THE RUN: MY JOURNEY
FROM ADDICTION TO ULTRAMARATHONS
『ランで生まれ変わる：依存症からウルトラマラソンへの旅』（未邦訳）
カトラ・コルベット
元薬物中毒からウルトラランニングの伝説へ。カトラ・コルベットが、100マイルレースを100回以上走った最初のアメリカ人女性となった、ありそうでなかった物語を語る。

RUNNING BEYOND: EPIC ULTRA,
TRAIL AND SKYRUNNING RACES
『ランニングを超えて：壮大なウルトラ、トレイル、スカイランニングレース』（未邦訳）
イアン・コーレス
エリート選手へのインタビュー、感動的な写真、象徴的なレースの取材を通して、イアン・コーレスがウルトラランニングの盛り上がりを探った一冊。

THE RISE OF THE ULTRA RUNNERS:
A JOURNEY TO THE EDGE OF HUMAN
ENDURANCE
『ウルトラランナー：限界に挑む挑戦者たち』
（青土社）
アダーナン・フィン、児島修訳
ウルトラランニングの世界に飛び込んだフィンが、なぜこのスポーツが地球上で最も急成長しているのかを理解する。

SKY RUNNER: FINDING STRENGTH,
HAPPINESS, AND BALANCE IN YOUR
RUNNING
『走ること、生きること：強く、幸福で、バランスのとれたランナーになるために』（青土社）
エミリー・フォースバーグ、児島修訳
スカイランニングへの情熱を、役立つヒントやテクニック、さらにはレシピを通して語った本。

RUNNER: A SHORT STORY ABOUT A
LONG RUN
『人生を走る：ウルトラトレイル女王の哲学』（草思社）
リジー・ホーカー、藤村奈緒美訳
本書でもグレート・ヒマラヤ・トレイルを案内したリジー・ホーカーの本。ウルトラトレイル・デュ・モンブランの初挑戦からヒマラヤでの冒険まで、世界中を駆け巡ったトレイルランニングの感動的な記録を紹介。

ABOVE THE CLOUDS: HOW I CARVED MY OWN PATH TO THE TOP OF THE WORLD
『雲の上へ：6日間でエベレスト2度登頂の偉業への道』
（エイアンドエフ）
キリアン・ジョルネ、岩崎晋也訳
トレイルランのワールドチャンピオン、キリアン・ジョルネが自ら記した精神の旅の記録。山に上ること、走ること、自然の中で生きること、そして栄冠がすべてではないこと。生い立ちから、制覇した山岳レース、レースを共にしたパートナーたち、そして自然への想いを綴る。

EAT AND RUN: MY UNLIKELY JOURNEY TO ULTRAMARATHON GREATNESS
『EAT & RUN：100マイルを走る僕の旅』
（NHK出版）
スコット・ジュレク、スティーヴ・フリードマン、小原久典、北村ポーリン訳
アメリカ中西部で育ち、菜食主義者で、ウルトラランニングの世界に殴り込みをかけたジュレク自身の体験を通して、食と耐久スポーツの関係を探る。

ULTRAMARATHON MAN: CONFESSIONS OF AN ALL-NIGHT RUNNER
『ウルトラマラソンマン　46時間ノンストップで320kmを走り抜いた男の記録』
（ディスカヴァー・トゥエンティワン）
ディーン・カーナゼス、小原久典、北村ポーリン訳
ウルトラランニング界の真のレジェンド、ディーン・カーナゼスの回顧録。南極からデスバレーまで、その活躍は世界中を駆け巡る。

BORN TO RUN: THE HIDDEN TRIBE, THE ULTRA-RUNNERS AND THE GREATEST RACE THE WORLD HAS NEVER SEEN
『BORN TO RUN：走るために生まれた：ウルトラランナー vs 人類最強の"走る民族"』
（NHK出版）
クリストファー・マクドゥーガル、近藤隆文訳
エリート・ウルトラランナーのチームが地球上最高の長距離ランナーであるメキシコのインディアン部族、タラフマラ族に学び、共に走った記録。

50 RACES TO RUN BEFORE YOU DIE: THE ESSENTIAL GUIDE TO 50 EPIC FOOT-RACES ACROSS THE GLOBE
『死ぬまでに走りたい50のレース：世界50の壮大なレースのガイドブック』（未邦訳）
トビアス・ミューズ
本書でもピレネー山脈の章を執筆・撮影したトビアス・ミューズが、イギリスの名峰から砂漠の乾燥地帯まで、世界の偉大な50のランを紹介する。

寄稿者

GEORGE BAUER ／ ジョージ・バウアー
（文章）
フリーランスのクリエイター、ライター、料理人、ランナー。
IG：@__georgebauer
www.airelibre.run/scotland-local

ALEXIS BERG ／ アレクシス・バーグ
（写真）
パリ在住のアウトドア・スポーツ写真家、ライター、映画監督。著書に『Grand Trail』『The Finishers』、映画『La Barkley Sans Pitié』。
IG：@alexis_berg
www.alexisberg.com

STEFANIE BISHOP ／ ステファニー・ビショップ
（文章）
米国在住の冒険家、超持久走アスリート（24時間以上のマルチスポーツ）、コーチ。
IG：@stefadventures
www.stefaniebishop.com

JENNA CRAWFORD ／ ジェナ・クロフォード
（文章）
LA在住のランナー、コミュニティ・ビルダー、マーケター。
IG：@jennavieve_

ANDRÉS FIGUEROA ／ アンドレス・フィゲロア
（写真）
スポーツとアウトドアの映像作家兼フォトグラファー。
IG：@andrewbrndwn

JULIE FREEMAN ／ ジュリー・フリーマン
（文章&写真）
雑誌『Like the Wind』の共同創刊者兼アートディレクター。
IG：@sistak

SIMON FREEMAN ／ サイモン・フリーマン
（文章&写真）
雑誌『Like the Wind』の共同創刊者兼編集者。多くの人びとがトレイルに出かけるきっかけを作ることに情熱を注ぐ。

IG：@simonbfreeman
www.simonfreeman.co.uk

ANNA GATTA ／ アンナ・ガッタ
（文章）
スウェーデン生まれ、シャモニー在住のトレイルランナー、不動産業者。

DAVIDE GRAZIELLI ／
ダヴィデ・グラツィエリ
（文章）
イタリアを拠点とするランナー。
Destination Unknown の共同設立者。
IG：@dgrazielli
www.ducoaching.com

LIZZY HAWKER ／ リジー・ホーカー
（文章）
ウルトラランナー、UTMB5回優勝、環境科学者、作家。スイスとネパールを行き来している。著書に『Runner』、ウルトラ・ツール・モンテローザのレースディレクター。
IG：@lizzy.hawker
www.lizzyhawker.com

LINDA HELLAND ／ リンダ・ヘランド
（文章＆写真）
ノルウェー人のトラベルライター。アクティブな休日とライフスタイルを目指している。
IG：@lindahelland
www.trailspotting.no

DANIEL ALMAZÁN KLINCKWORT & ANA LAFRAMBOISE ／ ダニエル・アルマザン・クリンクウォート＆アナ・ラフランボワーズ
（写真）
写真家のダンとアナは夫婦で、メキシコに住み、世界中で活動している。ダンはランニング団体 Aire Libre の共同設立者。
IG：@dklinckwort ／ @analaframboise
www.airelibre.run

ROB KRAR ／ ロブ・クラー
（文章）
ウルトラランニング耐久アスリート兼コーチ。妻のクリスティーナとともにアリゾナであらゆるレベルのランニングキャンプを開催。
IG：@robkrar
www.robkrar.com

EMMA LATHAM PHILLIPS ／
エマ・レイサム・フィリップス
（文章）
食とアグロエコロジーに関心のあるフリーライター。
IG：@emmalathamphillips_

IMOGEN LEES ／ イモージェン・リース
（文章）
雑誌『Like the Wind』の共同編集者。
IG：@looksbetterinsequins

TOM LE LIEVRE ／ トム・ル・リエーヴル
（文章）
英国在住のトレイルランナー、ランニングコーチ。
IG：@tom.lelievre

RICKY LIGHTFOOT ／
リッキー・ライトフット
（文章）
英国湖水地方を拠点とするフェルズ・トレイルランナー。子煩悩の父親で消防士。
IG：@rickylightfoot

JAMES Q. MARTIN ／
ジェームス・Q・マーティン
（写真）
アリゾナ在住のナショナル・ジオグラフィック冒険写真家、映画製作者、コミュニティ・ビルダー。映画『Rob Krar』を監督：映画『Rob Krar: Running with Depression』を監督。
IG：@jamesqmartin
www.jamesqmartin.com ／ www.qstories.com

HILARY MATHESON ／ ヒラリー・マセソン
（文章＆写真）
受賞歴のあるカナダの写真家、グラフィックデザイナー。デザイナー。ウルトラランナー。
IG：@thehilaryann
www.thehilaryann.com

TOBIAS MEWS ／ トビアス・ミューズ
（文章＆写真）
冒険アスリート、ジャーナリスト。著書に『50 Races to Run Before You Die』と『Go! secretpyrenees 共同オーナー、@hardastrails 創設者。
IG：@tobiasmews
www.hardastrails.com

BRIAN NEVINS ／ ブライアン・ネヴィンズ
（写真）
米国ニューハンプシャー州の写真家、映像作家。
IG：@nevinsphoto
www.briannevins.com

CHRIS ORD ／ クリス・オード
（写真）
アドベンチャー・メディアのジャーナリスト。『Trail Run Mag Australia』の元編集者であり、トレイルランニング・アドベンチャー会社 Tour de Trails の創設者。
IG：@onewildlife
www.tourdetrails.com

MELISSA & GUY OVERNEY BURNIER ／ メリッサ&ガイ・オーバーニー・バーニエ
（写真）
スイスを拠点とする旅好き、料理好き、山好き。
IG：@c_est_meo

GUILLAUME PERETTI ／ ギヨーム・ペレッティ
（文章）
コルシカ島生まれのフランス人ウルトラトレイルランナー。マウンテンバイク、ロードバイク、スキー登山の愛好家。自然への情熱を分かち合うことを愛する。
IG：@guillaume_peretti

DAMIEN ROSSO ／ ダミアン・ロッソ
（写真）
フランスを拠点に活動するアウトドア&スポーツフォトグラファー。
IG：@drozphoto
www.droz-photo.com

CHRIS SHANE ／ クリス・シェーン
（写真）
アメリカ・メイン州を拠点に活動する写真家、映像作家、アウトドア・アスリート。
米国メイン州在住。
IG：@chrismshane
www.chrismshane.com

REUBEN TABNER ／ ルーベン・タブナー
（写真）
スコットランドを拠点に活動する旅行、アクション、ライフスタイル、アドベンチャースポーツ写真家。スポーツフォトグラファー。
IG：@reubentabner
www.reubentabner.co.uk

ALEX TREADWAY ／ アレックス・トレッドウェイ
（写真）
旅行、ドキュメンタリー、スポーツ、アドベンチャーを専門とする写真家。イギリス在住。
IG：@alextreadway
www.alextreadway.co.uk

謝辞

ジュリー&サイモン・フリーマン

この本をまとめるために奔走した不屈の副編集長イモージェン・リース、『Like the Wind』誌の最初のイラストレーターの一人であるデザイナーのファーガス・マクヒュー、そして本書『ランニング・ワイルド』制作を信頼し、伴走者であったテムズ&ハドソンのチームに感謝します。本書への寄稿者だけでなく、2014年以来、私たちを文章、写真、イラスト、デザインで支えてくれた何百人もの『Like the Wind』誌の寄稿者たち、特にアレックス・マーフィー、ローラ・ファンク、デイビッド・ガーディナーに心から感謝しています。最後になりましたが、『Like the Wind』誌の読者と購読者の皆様のご愛顧に心から感謝いたします。

写真

A = Above（上）、B = Below（下）、L = Left（左）、R = Right（右）

Page 1 © Brian Nevins; page 2 © James Q. Martin; page 6 © Hilary Matheson; page 8A © Damien Rosso; page 8B © Chris Shane; page 10 © Hilary Matheson; page 11A © Alexis Berg; page 11B © Damien Rosso; pages 15–29 © Alexis Berg; page 30 © Linda Helland; pages 31–33 © Alexis Berg; page 34A © Linda Helland; page 34B © Alexis Berg; pages 35–38 © Alexis Berg; page 39 © Linda Helland; pages 44–53 © Julie Freeman; pages 59–67 © Reuben Tabner; pages 73–81 © Damien Rosso; pages 86–93 © Tobias Mews; page 99 © Melissa & Guy Overney Burnier; page 100 © Anna & Philippe Gatta; pages 101–08: © Melissa & Guy Overney Burnier; page 109 © Anna & Philippe Gatta; pages 114–23 © Alex Treadway; page 128 © Gérard Benoît; page 130 © André Meier; page 131 © Roland Gerth; page 132 © Vincent Bourrut; page 133 © Julie & Simon Freeman; page 134A © Vincent Bourrut; page 134B © Simon Freeman; page 135 © Julie Freeman; pages 141–49 © Hilary Matheson; pages 155– 56 © Brian Nevins; page 157 © Chris Shane; pages 158–59 © Brian Nevins; page 160 © Chris Shane; page 161 © Brian Nevins; page 162A © Brian Nevins; page 162B © Chris Shane; pages 163–64 © Chris Shane; page 165 © Brian Nevins; pages 170–73 © Alexis Berg; page 174 © James Q. Martin; page 175A © James Q. Martin; page 175B © Alexis Berg; pages 176–77 © James Q. Martin; page 178A © Christina Krar; page 178BL&R © Alexis Berg; pages 179–181 © James Q. Martin; pages 186–98 © Daniel Almazán Klinckwort & Ana Laframboise; pages 200–01 © Andrés Figueroa; page 202A © Daniel Almazán Klinckwort & Ana Laframboise; page 202B © Andrés Figueroa; page 203L © Andrés Figueroa; page 203R © Daniel Almazán Klinckwort & Ana Laframboise; pages 204–06 © Daniel Almazán Klinckwort & Ana Laframboise; page 207A © Daniel Almazán Klinckwort & Ana Laframboise; page 207B © Andrés Figueroa; pages 212–21 © Alex Treadway; pages 226–35 © Chris Ord; pages 238–39 © Alex Treadway; page 240 © Damien Rosso

挿絵はすべてファーガス・マクヒュー。

訳者あとがき

走るのが得意ではない私が、この本を訳したいと思った理由

「この入口から森に入ると、山は市の境界線を越えて、隣町の葉山の先までつながっているんだよね」

そう夫に誘われて、家の裏山を散策するようになったのは15年前のことでした。東京都杉並区から神奈川県逗子市に引っ越してきたばかりの私にとって、家のすぐ裏に自然へとつながる入り口があるなんて、それだけで新鮮だったことを覚えています。

登山道入口の看板があるわけでもなく、名前のついた道が整備されているわけでもない、ただの裏山。最初は「入っていいの?」という戸惑いもありましたが、歩き出してみれば、森って気持ちがいいものです。自然に出会うのに、遠くの有名な山まで行く必要はないのだと気がつきました。

木々の間から差す日の光は美しく、スミレやふきのとうを見つければ、春の訪れを感じます。苔に覆われた岩場から水が滴り落ちるのを見れば、降った雨を受け止めて麓に戻す森の循環力に感激します。たまに熟した野イチゴに出会えたりすると、宝物を見つけた子どものように心が踊ります。

日常生活からほんの少し離れて、舗装路ではないデコボコした山道を歩くと(時に走ると)、呼吸が深くなり、心がほぐれ、視界も思考も広がっていきました。それは一緒に連れ出す我が子たちも同じで、海や森に遊びに行った日は、とても満たされているように見えました。

そんな風にして、いつの間にか日常的に森を歩くようになった頃、裏山のトレイルに入ることを躊躇していた自分を思い出して、ハッとしました。私(または私たち人間)はいつからそんなに自然と切り離されてしまっていたのでしょうか。

ほんの1〜2世代前まで、人の暮らしと地域の自然は一続きであったはずでした。誰もが近所の里山から食べ物や薪など暮らしの糧を得て、代わりにその循環を妨げないよう、地域の皆で保全を行っていました。そんな当たり前の風景が自分の中に(または人間社会の中に)なくなりつつあることは、生き物として不自然なのではないかと感じるようにもなりました。

衣食住のほぼすべてが、お金さえ払えれば手に入る便利な時代に、今さら「森から糧を得る」ような暮らしに戻るのは難しいかもしれません。だとすれば、子どもと遊ぶことを通して、自然に接続する時間を増やしてみたらどうだろう。せっかくだから、自分の子どもだけでなく、地域の子どもたち皆に声をかけて、

一緒に海や森で遊びはじめてみたらどうだろう。大勢でこの町の自然を好きになり、大切にすることができたら、もっと気持ち良く生きていくことができそうではないか —— そんな思いから、仲間とともに、小学生の放課後自然クラブ「黒門とびうおクラブ」や保育園「うみのこ」を運営するようになり、現在、法人化して8年目となります。

子どもたちは、春と夏は海で思いきり身体を動かします。秋冬になると地元の森に入り、鬼ごっこで駆け回ったり、焚き火をしたり。暗くなればヘッドライトをつけて、暗闇でかくれんぼもします。小学校上級生になれば地元の森を離れて八ヶ岳を歩いたり、箱根や丹沢でテント泊をしながら富士山を目指す冒険なども重ねてきました。

そんな一連の活動の中で、森を駆ける爽快感に気づいた11〜12歳の子どもたちが、子どもによる子どものためのトレランクラブ「逗子スカイランナーズ」を作ったのは、2020年のことでした。

新型コロナウィルスの蔓延で学校が休校になり「時間があるから」と走り出した子どもたち。はじめはただ楽しくて数人で集まって走っていたのが、少しずつ、県内外のトレラン大会で頭角を現すメンバーも出てくるようになりました。町の飲食店からサポートを受けるようになり、町外の（大人たちの！）トレランクラブからも交流のお誘いが来る中で、後輩が増えていきました。

初代の部長だった山岸大志くんは、中学3年生のときにスカイランニングのユース日本代表選手に選ばれ、2022年にアンドラ公国で行われた世界大会に出場（2025年夏にもイタリアの同大会に参加予定）、二代目の部長だった高木耕造くんは高校1年生ながら、2024年度全国高等学校駅伝競走大会で神奈川県代表の出場チームに名を連ねました。

高校生になった彼らは自分のトレーニングに忙しい中、今も時折、小学生の練習に顔を出します。後輩たちは共に山を走る先輩の背中を見ながら、今、それぞれに夢を描いています。

小学生時代の活動は、週に何度か声をかけ合い、逗子や葉山の森を走る。それだけです。大会情報の提供などは大人も手伝うけれど、その日の行き先や練習内容、運営の方針などは100%子どもたちの自主運営です。その中で少しずつ、約束事ができていきました。

「すれ違う人には挨拶する」「ゴミが落ちていたら拾う」「リュックにはヘッドライトと行動食、エマージェンシーシートを必携」「一番ゆっくり走る仲間を先頭に行かせる」など、どれも山で楽しく安全に過ごすための彼らの知恵だったのでしょう。子どもたちが実体験をベースにして話し合い、文化を作っていく様子に感心しました。いかにも楽しそうに、かつ軽やかに走る姿には、憧れの気持ちさえ抱くようにもなりました。

刺激を受けて、私自身も少しだけ、トレイルランニング＝山を走る、という世界に足を踏み入れるようになりました。まさか大人になって、足下を泥だらけにしながら（時には顔から蜘蛛の巣にも突っ込みながら）山道を駆けるようになるなんて、人生わからないものです。

時間帯によっても、天候によっても、季節によっても違う、刻々と変化する自然を感じながら走っていると、笑みがこぼれます。壮大な自然に抱かれて自分の小ささを感じ、日常の忙しさなど取るに足らないことのように思えてきます。

こんな風に、全身で遊びながら「今・ここ」を取り戻す方法を教えてくれた子どもたちには、感謝してもしきれません。

小さなトレイルランナーたちが地元の山々と向き合いながら少しずつ行動範囲を広げ、日本全国、そして世界にも目を向け始めた頃、2022年に、英語版の『ランニング・ワイルド』が創刊されました。走る人でなくても、自然が好きな誰もが一生に一度は訪れたいと感じる、世界中の美しいトレイルを紹介する写真本です。

編集者のジュリー＆サイモン・フリーマンは『Like the Wind』誌を通して、ランニングの哲学を世界に発信し続けてきました。本書でも、季刊誌同様、ハウツーではなく「人はなぜ走るのか」をテーマに、地元を愛するランナーたちの語りを通して、世界中のトレイルを紹介しています。

友人の勧めで初めて英語版の本書を手に取った時、世界の山々の美しさに心を掴まれました。フランス、イタリア、スイスと国境を越えながら続くモンブランのトレイルはいつか歩いてみたいと感じたし、ブリティッシュコロンビアの氷河と紅葉のコントラストや、ヒマラヤの圧倒的な荘厳さにハッとさせられました。

「この美しい写真本を、これから世界に出ていく若きランナーたちに贈りたい」。そう思って周りに相談すると、青土社の福島舞さんにつながりました。福島さんは、編集者として「走る」ことをテーマにたくさんの本を手掛けながら、トレイルランナーとしてもセミプロで活躍しています。そんな福島さんに相談に乗っていただきながらこの本を翻訳し、出版できたことを、有り難く心強いことでした。

また、福島さんを紹介してくれたのは、100マイル（160km）もの距離をプロとして走るウルトラトレイルランナーの宮﨑喜美乃さんでした。宮﨑さんは、本書3章に登場するウルトラトレイル・デュ・モンブラン（通称UTMB）や、本書5章に登場するコルシカ島の大会を始め、国内外の大会に挑戦して活躍している友人で、逗子在住だったときは、よく子どもたちと一緒に走ってくれていました。

学校がはじまる前、日の出と共に集合して、朝の光を浴びながら世界的なランナーと一緒に地元の森を走ることができた子どもたちは幸せです。宮﨑さんがいてくれたことで、彼らにとって「世界」がグッと近づいたように思います。同じように、本書を通して、読者の皆さんにとっても世界中のトレイルを身近に感じていただけるようになったら、翻訳者として本望です。

まずは自宅の裏山でもいいし、旅行先でもいい。走るのが好きな人も、私のように歩くほうが気楽な人も、是非一度、トレイルに足を踏み入れてください。本書が「今日、森に行こうかな」と思うきっかけになれば、こんなに嬉しいことはありません。

2025年1月13日
地元の小さな駅伝大会の興奮が冷めやらぬまま、神奈川県逗子市の自宅にて

小野寺 愛

【編著者】

ジュリー＆サイモン・フリーマン（Julie & Simon Freeman）

不健康な生活の解毒剤としてランニングをはじめ、夫婦でランニング雑誌『Like the Wind』を創刊。

ランニングの地平を広げるためにトレイルへと繰り出し、多数の大会に参加し、現在は人生の半分を走ること、ランニング・コミュニティへの参加、新規ルート開拓に費やし、残りの半分は『Like the Wind』読者にインスピレーションと原動力、そして愉しみを届けるために、走ることにまつわる物語を発信している。

【訳者】

小野寺愛（おのでら　あい）

子ども・自然・食がライフワークの通訳、翻訳者。国際交流 NGO ピースボートに 16 年間勤務し、世界中を旅する中で「グローバルな課題の答えはローカルにある」という答えを得て、一般社団法人そっかを共同設立。海と森を園庭とする保育施設「うみのこ」や小学生放課後の自然学校「黒門とびうおクラブ」を運営中。訳書に『スローフード宣言〜食べることは生きること』（アリス・ウォータース著、海士の風）など。日本スローフード協会理事。

表　紙：パッソ・ジャウのドロミテ ©Alexis Berg
裏表紙：オアハカの吊り橋 ©Daniel Almazán Klinckwort & Ana Laframboise at Aire
　　　　Libre Running

序文 ©2022 ディーン・カーナーシス
各章 ©2022 写真クレジット p. 251 参照

デザイン：ファーガス・マクヒュー
コピー編集：イモージェン・リース、カースティ・シーモアニウル

無断転載を禁じます。本書のいかなる部分も、出版社からの書面による事前の許可なく、電子的、機械的、複写、記録、その他の情報保存および検索システムを含むいかなる形式、いかなる手段によっても複製または転送することを禁じます。

本書に記載されているトレイルへの挑戦は困難な場合があります。トレイル自体への警戒はもちろんのこと、準備、正しい装備の利用、天候の注視など、細心の注意を払うことは読者の責任です。テムズ＆ハドソン社および著者、訳者は、本書で紹介されている情報や、読者がトレイルに挑戦したことによるいかなる怪我や損失に対しても責任を負いません。

Published by arrangement with Thames & Hudson Ltd, London,
Running Wild: Inspirational Trails from Around The World
© 2022 Thames &Hudson Ltd, London
Foreword © Dean Karazes
Chapters © 2022 as specified
For the picture credits, please see page 251
Designed by Fergus McHugh

This edition first published in Japan in 2024 by Seidosha, Tokyo
Japanese Edition © 2024 Seidosha.

Japanese translation published by arrangement with Thames and Hudson Ltd
through The English Agency (Japan) Ltd.

ランニング・ワイルド
世界至極のトレイル 16 章

2025 年 3 月 31 日　第一刷印刷
2025 年 4 月 10 日　第一刷発行

編　者　ジュリー＆サイモン・フリーマン
訳　者　小野寺愛

発行者　清水一人
発行所　青土社

〒 101-0051　東京都千代田区神田神保町 1-29　市瀬ビル
［電話］03-3291-9831（編集）　03-3294-7829（営業）
［振替］00190-7-192955

印刷・製本　シナノ
装丁　ANSWER4

ISBN978-4-7917-7686-3　Printed in Japan